Forum Sprache

# Motivierungstechniken
# im Fremdsprachenunterricht

Übungsformen und Lehrbucharbeit
mit englischen und französischen Beispielen

# Forum Sprache

ein Fachbuch-Programm für alle, die Fremdsprachen unterrichten und studieren

**Zuletzt erschienen:**

Richard, P.-M.
**Découverte du français familier et argotique**
Umgangsfranzösisch verstehen lernen

Mummert, I.
**Literamour**
Gedichte und Geschichten im Französischunterricht

Lonergan, J.
**Video im Fremdsprachenunterricht**
Ein Handbuch mit Materialien

Rüschoff, B.
**Fremdsprachenunterricht mit computergestützten Materialien**
Didaktische Überlegungen und Beispiele

Doyé, P./Rampillon, U.
**Vertretungsstunden für den Englischunterricht**
Unterrichtsmaterialien und methodische Anregungen

Rampillon, U.
**Lerntechniken im Fremdsprachenunterricht**
Handbuch

Rampillon, U.
**Englisch lernen**
Mit Tips und Tricks zu besseren Noten
Schülerarbeitsbuch und Cassette

Morgan J./Rinvolucri, M.
**Geschichten im Englischunterricht**
Erfinden, Hören und Erzählen

**Ausgewählte Titel:**

Maley, A./Duff, A.
**Szenisches Spiel und freies Sprechen im Fremdsprachenunterricht**
Grundlagen und Modelle für die Unterrichtspraxis

Augé, H. u. a.
**Kommunikative Lernspiele für den Französischunterricht**

Jones, K./Edelhoff, Ch. u. a.
**Simulationen im Fremdsprachenunterricht**
Handbuch

Puchta, H./Schratz, M.
**Handelndes Lernen im Englischunterricht**
Band 1: Theoriebuch
Band 2: Praxisbuch
Band 3: Trainerbuch

Geiger, A. u. a.
**Youth and Politics in the U.S.**
Arbeitsbuch Landeskunde/Sprachpraxis

Steinmann, T.
**Re-creating Literary Texts**
Arbeitsbuch Literatur

Zimmermann, G./Wißner-Kurzawa, E.
**Grammatik:
lehren – lernen – selbstlernen**
Zur Optimierung grammatikalischer Texte im Fremdsprachenunterricht

Stevick, E.W.
**Englisch unterrichten, aber wie?**
Anfangssituationen, Lehrerverhalten, Lerntechniken

Helmut Reisener

# Motivierungstechniken im Fremdsprachenunterricht

**Übungsformen und Lehrbucharbeit mit englischen und französischen Beispielen**

Max Hueber Verlag

Lektorat: Dr. Angela Jurinek
Umschlaggestaltung: Planungsbüro Winfried J. Jokisch, Düsseldorf
Layout: Verlagsagentur Langbein · Wullenkord, München
Zeichnungen: M. Zahm, Pöcking

CIP-Kurztitelaufnahme der Deutschen Bibliothek

*Reisener, Helmut:*
Motivierungstechniken im Fremdsprachenunterricht: Übungs-
formen u. Lehrbucharbeit mit engl. u. franz. Beispielen /
Helmut Reisener. – 1. Aufl. –
München [i.e. Ismaning]: Hueber, 1989.
  (Forum Sprache)
  ISBN 3–19–006600–0

1. Auflage
© 1989 Max Hueber Verlag, D-8045 Ismaning
Satz: FoCoTex Klaus Nowak, 8137 Berg 3
Druck: Heinzelmann Offsetdruck GmbH, München
Printed in the Federal Republic of Germany
ISBN 3–19–006600–0          1    2    3

# Inhaltsverzeichnis

# Einführung

Dieses Buch geht von der Unterrichtswirklichkeit aus und führt auf sie hin. Sich an der Praxis zu orientieren, meint freilich nicht die Anerkennung der bestehenden Praxis. Nur unter dem Postulat der Verbesserungsfähigkeit von Praxis kann die Theorie leben und hat darin ihre ‚raison-d'être' (Reisener 1973, S.7). Wie aber läßt sich Unterrichtswirklichkeit zunächst einmal beschreiben?

*Unterrichtswirklichkeit* stellt sich als ein sehr komplexes, von vielen Faktoren bestimmtes und schnell ablaufendes Geschehen dar. Alle Bedingungsvariablen sind simultan wirksam, einige sichtbar, viele unerkannt, einige stärker, andere schwächer, einige durchgehend und längerfristig, andere wiederum episodisch kurz. Ob prospektiv oder retrospektiv, niemals lassen sie sich in ihrer Gesamtheit erfassen. In einer Klasse mit 25 Schülerinnen und Schülern wirken 25 Individuen als „Faktorenbündel". Alle bringen natürlich die Fülle ihrer Persönlichkeitsmerkmale in das Unterrichtsgeschehen ein, ebenso natürlich auch die Lehrer. Es kommen die äußeren Bedingungsvariablen hinzu, solche wie räumliche Voraussetzungen, Klassenstärke, Differenzierungsmaßnahmen und Medienausstattung. Und nicht zuletzt spielen das Unterrichtsfach, die Lernzielvorgaben der Lehrpläne, die Schulbücher, die Methoden und die Lernerfolgskontrollen eine wesentliche Rolle. Jede Unterrichtsstunde wirkt wie ein Brennglas, in dem alle Problemlinien eingefangen, gebrochen und zuweilen schmerzlich auf den Punkt gebracht werden. Man kann das grafisch so darstellen:

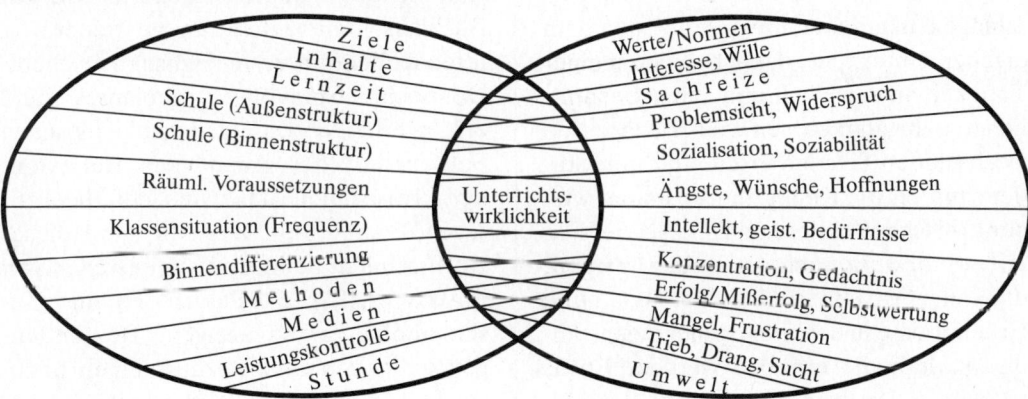

Die linke Ellipse soll zeigen, welche *äußeren* Bedingungsvariablen auf das Unterrichtsgeschehen einwirken. Sie sind z.T. statischer bzw. von nur schwer beeinflußbarer Natur, was etwa die räumlichen Voraussetzungen betrifft. Die rechte Ellipse soll dagegen zeigen, welche *Persönlichkeitsvariablen* ins Spiel kommen. Auch hier sind sowohl aussetzungen, die apparative Ausstattung oder die Stundenpläne der Schulen betrifft. Die rechte Ellipse soll dagegen zeigen, welche *Persönlichkeitsvariablen* ins Spiel kommen. Auch hier sind sowohl

7

relativ wenig beeinflußbare und daher längerfristig wirkende neben episodisch kurzen und stärker schwankenden Variablen wirksam.

Die Grafik kann freilich nur einen Ausschnitt zeigen. Das Modell ist offen. Die Kolleginnen und Kollegen mögen aus ihrer Erfahrung und ihrer Sicht leicht eine Reihe weiterer Variablen rechts wie links hinzufügen. Es geht hier keineswegs um Vollständigkeit. Es soll lediglich anschaulich verdeutlicht werden, was schulische Lernsituationen bedingt und ausmacht, was Lernen, Lerndefizite und Lernerfolg bestimmt. Gleichwohl ist eine solche Synopse einiger mir wesentlich erscheinender Faktoren recht hilfreich, wenn man, wie eingangs erwähnt, von Unterrichtswirklichkeit ausgehen und auf sie hinführen will.

Mit den Vorschlägen, die dieses Buch bietet, sollen Impulse gegeben, soll das *Methodenrepertoire* der Fachkolleg/inn/en in den Schulen erweitert, soll ihr Transferdenken aktiviert werden. Die Praxisvorschläge entstammen im wesentlichen dem eigenen Unterricht, den ich neben meiner Tätigkeit an der Hochschule in nebenamtlicher Lehrtätigkeit seit vielen Jahren an wechselnden Schulen erteile und mit Student/inn/en wie Kolleg/inn/en immer wieder kritisch reflektiere und analysiere. Damit soll bewußt auch vermieden werden, daß eigene Unterrichtsergebnisse und Erkenntnisse in den Stand einer eigenständigen Methodik erhoben werden. Etwas so oder anders zu machen, kann bei dem einen Lehrer zum Erfolg führen, bei einem anderen aber zum Mißerfolg, kann in der einen Klasse gutgehen, in einer anderen dagegen nicht (Reisener 1979, vgl. auch Heuer 1986, Heuer u.a. 1987).

Die praxisorientierten Überlegungen und Anregungen beziehen sich zwar mehrheitlich auf den Englischunterricht (EU), sind aber, wie die französischen Beispiele beweisen, auch auf andere Fremdsprachenfächer (L2) übertragbar. Dies gilt in gleicher Weise bezogen auf unterschiedliche Altersstufen und Lerngruppen innerhalb der Sekundarstufe I für alle Schularten.

Die wichtigsten Ergebnisse habe ich zusätzlich landauf, landab in unzählige Lehrerfortbildungsveranstaltungen hineingetragen, um sie mit einer großen Lehrerschaft zu diskutieren und weiterzuführen. Daraus hat sich die Arbeitsform der *Ideenbörse* entwickelt. Viele Kolleginnen und Kollegen in mehreren Bundesländern haben Anregungen aufgegriffen, in ihren Klassen erprobt, sodann Vorschläge zur Verbesserung und Erweiterung zurückgereicht und diese wiederum mit anderen ausgetauscht. Dieser Prozeß und dessen zahlreiche Produkte werden in diesem Buch zusammengefaßt, um sie wieder weiteren Kolleg/inn/en verfügbar zu machen.

Dennoch: Sinnvolles, geplantes und erfolgverheißendes Tun im pädagogischen Feld bedarf der gründlichen Reflexion, der kritischen Distanz und der theoretischen Fundierung. Deshalb kann dieses Buch es nicht beim Zusammenstellen von Praxisvorschlägen belassen. Es sind Zusammenhänge aufzuzeigen, Begründungen zu geben und Bezugsrahmen abzustecken, denn jeder methodische Schritt geht von einem didaktischen Ort aus und führt auf ein neues didaktisches Ziel hin. Diesen Ort gilt es vorab zu klären, besonders im Hinblick auf die Aspekte der Motivation und Motivierung.

# Motivierungstechniken im Fremdsprachenunterricht

# 1. Motivationspsychologische Vorüberlegungen .

Jedes Nachdenken über schulischen Fremdsprachenunterricht impliziert aus der Natur der Sache heraus eine Reflexion über seine motivationalen Bezüge. *Lehrgangsorientierung und Sequentialität im Prozeß, Abstraktheit und Komplexität im Stoff, Spiralprogression und Übungsintensität,* um vorab gleich einige wesentliche Charakteristika zu nennen, machen deutlich, daß sich die Fragen nach der Motivation und Motivierung *anders* und vor allem *schwieriger* stellen als in anderen Schulfächern. Dabei sind die folgenden Punkte maßgebend.

## 1.1 Motivationsfaktor: Lehrerpersönlichkeit

Bildungspolitische und didaktische Entscheidungen lassen sich nicht auf direktem Wege in Lernmotivation umsetzen. Welche Rahmenrichtlinien oder Länderlehrpläne für den Fremdsprachenunterricht man auch immer zur Hand nimmt, es geht in erster Linie um Ziele, Vorgaben und Pensen. Nur wenig ist über die Wege zu diesen Zielen ausgesagt, und nur spärlich lassen sich zufriedenstellende Aussagen über die motivationalen Implikationen des Fremdsprachenunterrichts finden. Die Umsetzung der vorgegebenen Ziele und Pensen in Lernmotivation und Lernprozesse liegt allein in der Hand der Lehrenden. Niemand anders als sie selbst können diesen Vorgang steuern und bestimmen.
Der Ort des Motivationsgeschehens ist und bleibt der Klassenraum. Der wesentlichste Motivationsfaktor ist und bleibt die Lehrerin bzw. der Lehrer. Nichts wirkt deshalb verheerender auf die Motivation der Schüler als die mangelnde Motivation der Lehrer. So darf man nicht müde werden, den Schülerinnen und Schülern immer wieder zu zeigen, daß man selbst zu diesem Fach Lust hat. Auch meine Schüler stöhnen bei jeder Leistungsanforderung, aber ich lasse mich nicht erweichen, d.h. über bestimmte Dinge lasse ich nicht mit mir verhandeln. So werden z.B. die Vokabeln im Unterricht semantisiert, konsolidiert und immer wieder überprüft. Aber gelernt werden sie – zumindest im Anfangsunterricht – zu Hause, weil man im Grunde *nur dort* Vokabeln lernen kann. Ab und an werden auch kurze Texte auswendig gelernt. Das aktiviert das Gehirn, trainiert das Gedächtnis und stärkt die Konzentration. Außerdem kann mit Hilfe eines auswendig gelernten Textes besser auf die Sprechschulung eingewirkt werden. Ich diskutiere mit meinen Schülern nicht täglich neu, *was* gemacht werden soll, wohl aber, *wie* wir etwas machen können und z.T. auch *wieviel* gemacht werden kann. Auch erörtere ich mit ihnen nicht bis ins letzte Detail, wie ich die Leistungen bewerte. Das ist primär *meine* Aufgabe, dafür wurde ich ausgebildet, dafür bin ich allein verantwortlich. Meine Schüler wissen also: bestimmte Dinge dürfen sie, andere nicht; bestimmte Dinge erörtern wir, andere nicht. Es sind Grenzen abgesteckt und Linien geklärt. Nicht jedes unterrichtliche Detail muß immer wieder neu, mühsam und grundsätzlich diskutiert werden. Auch wissen meine Schüler, daß

ich kein Supermann bin. Zwar habe ich gelernt, eine ganze Menge Ärger „wegzustecken", aber der Verdruß kann auch mal zu groß werden, und dann bin ich eben ärgerlich und scheue mich nicht, meinen Ärger zu zeigen.

Bestätigung findet man immer wieder, wenn sich Schüler nach einer erbrachten Leistung, und wurde sie auch von noch so viel Stöhnen und Klagen begleitet, äußerst wohl fühlen. Etwas ‚geschafft' zu haben, etwas erfolgreich geleistet zu haben, bereitet ihnen sichtliches Vergnügen – nothing succeeds like success –. Trotz aller Leistungsforderung und auch gelegentlichen Ärgers herrscht im Unterricht meist eine offene und entspannte Atmosphäre. Motivation kann kein Synonym für „allen alles leichtgemacht" sein. Ich sehe mich als Lehrer nicht in Konkurrenz mit den modernen Medien der Unterhaltungsindustrie. Diese sind mir, da sie die Motivation allein von der Konsumseite her angehen, allemal überlegen. Eine konsumistisch orientierte Pädagogik im Sinne eines „Was hättet ihr heute gern?" muß zum Scheitern führen, denn sie würde jegliche Leistungsanstrengung und jedes Übungsbemühen von Anfang an ausschließen. So bemühe ich mich um Motivation, ohne mich als Motivationskünstler zu gebärden. So bin ich Lehrer und kein „Unterrichtsjockey". Weitergehende Gedanken in dieser Richtung formuliert auch Thomas Ziehe (1985) in seinem Aufsatz: Nähe oder Intensität?

### 1.2 Zweckbestimmte oder selbstbestimmte Motivation?

Die zweckbestimmte Motivation (Ich lerne eine L2, damit sie mir später nützt) läßt sich nur schwerlich in eine selbstbestimmte (Ich lerne die Sprache, weil sie so schön und so leicht ist) umwandeln. Diese Erkenntnis führt zu den folgenden Überlegungen, die speziellen Bezug zum lernschwachen Schüler nehmen. Das Bemühen um eine Umwandlung der zweckbestimmten (extrinsisch-instrumentellen) Motivation in eine selbstbestimmte (intrinsisch-integrative) mag sich für den Augenblick einer Vorführstunde als ein verblüffendes Unterfangen erweisen, den täglichen Unterricht kann es kaum tragen. Unsere Schüler sind z.T. auch gewöhnt, nach dem Nutzen und Ertrag einer Lernanstrengung zu fragen und zudem nach dem Zeitpunkt, wann denn Ertrag und Nutzen erreicht sind. Für den Unterricht hat das die Konsequenz, daß das Leistungsbedürfnis einer Klasse nicht mit nur *einer* Motivierungsart gesteigert werden kann. Da die Interessenlagen unterschiedlich strukturiert sind, reagieren die Schüler in unterschiedlichster Weise auf die einzelnen Motivierungsansätze. Geht man davon aus, daß in jedem Lerner *instrumentelle* wie auch *integrative* Motivierungsdispositionen angelegt sind, so gilt es immer wieder neu zu entscheiden, bei welchen man ansetzt. Hierzu läßt sich sagen, daß die entsprechende Entscheidung dort leichtfällt, wo es um schwächere Lerner geht. Damit wird einsichtig: Die Motivierungsarten müssen zugleich Differenzierungskriterien sein; Differenzierungsmaßnahmen müssen auch nach Maßgabe der motivationalen Gegebenheiten innerhalb einer Klasse oder Lerngruppe getroffen werden. Es wird weiter einsichtig: Die Hauptschüler mit ihrem in der Regel geringeren Leistungsbedürfnis müssen zunächst mit Hilfe der extrinsisch-instrumentellen Motivierung angesprochen werden. Der Weg zur Anhebung des generellen Leistungsbedürfnisses der lernschwächeren Schüler, zur Anhebung ihres intrinsisch-integrativen Motivationsniveaus und damit der Weg zur Förderung ihrer Persönlichkeitsentwicklung führt über die Brücke der extrinsisch-instrumentellen Motivierung. Weiterhin ist sicherlich wichtig: Der Katalog der Möglichkeiten der extrinsisch-instrumentellen Motivierung ist weitaus größer als der der intrinsisch-integrativen. So ist die Bedeutung der intrinsischen Motivation und vor allem ihr viel beschworener pädagogischer Wert keineswegs in Abrede gestellt, sondern wird mit dieser Argumentation nur noch unterstrichen. Hier ist nur darauf aufmerksam zu machen, daß man sich zunächst einmal mit den Fragen der extrinsisch-instrumentellen Motivierung befassen muß, wenn man einen Zugang zu den Lerndispositionen der lernschwachen Schüler sucht. Es dürfte auf jeden Fall günstiger sein, bei den schon vorhandenen Dispositionen anzusetzen, als mit einem übertrieben hohen emanzipatorischen Anspruch dort zu beginnen, wo geringere Arbeitsvoraussetzungen gegeben sind. Dieser Einsicht ist für unsere motivationalen Überlegungen verstärkt Geltung zu verschaffen.

### 1.3 Fremdsprachenerwerb als Motiv

Im zusammenwachsenden Europa und im Zuge einer welt(raum)weit zunehmenden, von Medien getragenen internationalen Kommunikation ist eine L2-Beherrschung mehr denn je eine notwendige und von allen zu erwerbende **Kulturtechnik**. Es ist deshalb nicht einzusehen, warum ausgerechnet Fremdsprachenlehrer, vor allem an Hauptschulen, sich immer wieder in Diskussionen verwickeln lassen sollen, in denen sie sich dann wiederholt bemühen müssen, die Existenzberechtigung ihres Unterrichtsfaches argumentativ zu begründen. *Meinen Schülern* verdeutliche ich diesen Zusammenhang auf ziemlich einfache Weise: Ihr kommt zur Schule, weil es bei uns die Schulpflicht gibt. Und ihr lernt hier eine Fremdsprache, weil es auf der Stundentafel dieses Fach gibt.

Den Eltern meiner Schüler pflege ich das etwas differenzierter, aber im Grunde auch recht schlicht zu sagen: Fremdsprachen kann man nicht nur gebrauchen, Fremdsprachenlernen bildet auch. Es schafft neue Einblicke und Sehweisen, sogar im Hinblick auf die Muttersprache. Es vergrößert nicht nur die kommunikative Reichweite, es erweitert auch den geistigen Horizont und dient damit der Entfaltung der Persönlichkeit. Dazu zählt auch die Einsicht, daß in einer L2 Erfahrungen, Werthaltungen und Weltdeutungen einer anderen Sprachgemeinschaft eingebunden sind, die von denen der eigenen Sprachgemeinschaft abweichen. Die L1 eröffnet dem Individuum das Tor zur geistigen Welt, das Tor zur Welt überhaupt. Der Erwerb einer L2 aber öffnet weitere Tore, gibt Einblicke in andere Kulturen, andere Daseinsdeutungen und Wertsysteme. Spracherwerb individualisiert und sozialisiert das Individuum und bildet den Menschen. Aber erst der Fremdsprachenerwerb führt das auf eine höhere und sinnvollere Ebene. Dies hat bisher jeder spüren und erfahren dürfen, der eine Fremdsprache, wie intensiv oder extensiv auch immer, erlernt hat.

## 1.4 Motiv – Motivation – Motivierung

Die Diskussion um die motivationalen Zusammenhänge im L2-Unterricht wird durch die terminologische Vielfalt des Motivationsbegriffs erheblich behindert (Herber 1976, S. 11). Dies zeigt sich in den vielen nebeneinander geltenden und bisher nie klar voneinander abgegrenzten Begriffspaaren wie „äußere/innere", „direkte/indirekte", „primäre/sekundäre", „extrinsische/intrinsische" oder „instrumentelle/integrative" Motivation. Jahnke (1977) hat versucht, eine weitgehende Begriffsübersicht zu erstellen. Lee (1975) macht den Vorschlag, die internen Variablen mit dem Terminus „motivation" und die externen Faktoren mit dem Begriff „incentives" zu belegen.
Schiefele bezeichnet Motive als „relativ dauerhafte psychische Position" des Menschen und als „bezugssystemartige Richtungsdisposition menschlichen Handelns" (1974, S. 28). Sie entwickeln sich durch soziale Interaktion innerhalb des Bezugssystems im Individuum, wobei sie kognitive, affektive und wertgerichtete Teilsysteme bilden.
Nach Schiefele gibt es so viele inhaltlich unterscheidbare Motive, wie es thematisch verschiedene Person-Welt-Bezüge gibt. Der Zusammenhang zwischen Motiv und Motivation ist eindeutig bestimmbar, wenn man sich, was hiermit bewußt getan werden soll, Schiefeles Definition von Motivation anschließt: „Motivation bezeichnet den Prozeß der Motivaktivierung und den daraus resultierenden Zustand" (S. 28). Damit ist gesagt: Der Motivationsprozeß ist der Vorgang, in und mit dem Motive aktiviert werden. Während also die **Motivation** als das In-Gang-Kommen menschlichen Handelns bezeichnet werden kann, das durch Umwelteinwirkung oder auch zentrale Impulse der Person und ganz allgemein aus der Beziehung des Individuums zu seiner Umwelt entstehen kann, richtet sich unser Augenmerk beim Begriff der **Motivierung** primär auf den Aspekt des intentionalen Einwirkens eines Lehrenden, Informanden oder Mediums auf den Lerner. Die Motivierung ordnet sich demnach der Motivation zu und verarbeitet dabei ein möglichst großes Wissen über die Bedingungen und Verfahren der Aktivierung von Motiven und über die Konstellation der Motive selbst. Dabei ist der Zusammenhang zwischen den beiden Begriffen unterstrichen: Motivation kann theoretisch als ein hypothetisches Konstrukt bezeichnet werden. Je besser man es durchschaut und kennt, desto mehr Ansätze und Möglichkeiten lassen sich aufspüren, um beim Lerner ein bestimmtes Verhalten bzw. eine Änderung des Verhaltens zu bewirken. Motivierung bezieht sich auf eben diesen Prozeß, d.h. sie beschreibt das von der Motivation ausgehende und ebenso wieder darauf hinzielende Bemühen des Lehrers, diese Verhaltensänderung zu initiieren. Dies kann übrigens beim Schüler wiederum zu einer neuen Motivationslage führen, die der Lehrer erneut wieder ansprechen kann usf.
Portele (1975) versucht, für diesen Funktionszusammenhang den Begriff der Aktivation verfügbar zu machen, während Macht (1973) mit noch stärkerem Bezug auf Unterricht den Begriff der Unter-

richtsmotivation vorzieht. Er meint damit „didaktisch-methodische Möglichkeiten, um im Schüler eine wünschenswerte Motivation im Unterricht zu erzeugen".

In diesem Kontext steht auch der Ansatz von Fürntratt (1976), nämlich die auf Unterricht bezogene motivationale Konstellation weiter auszudifferenzieren, indem er einen Katalog weiterer Komposita, wie z.B. Endhandlungsmotivationen, Vermeidungsmotivation, Anerkennungsmotivation etc. anbietet. Übereinstimmung herrscht nach Solmecke (1983) bei allen Autoren darüber, daß die didaktische Motivation vor allem in der Hand des Lehrers liegen muß. Lehrer müssen es verstehen, mit Hilfe ihres Wissens über die Motive und die Zusammenhänge bei deren Aktivierung ein effektives Motivieren zu erreichen, d.h. Motivation und Motivierung in einen optimalen Funktionszusammenhang zu bringen. Erfahrene Kollegen erreichen das, indem sie das Interesse der Schüler durch Hinweise auf Widersprüche erregen, indem sie provozieren, überraschen, verfremden, für Abwechslung sorgen und den Schwierigkeitsgrad der Aufgaben dosieren. Damit werden auch die Zusammenhänge zwischen Sprachlern- und Sprachlehrsituationen relevant: Beim Kleinkind stehen Motivation und Sprachlernsituation noch in einem engeren gegenseitigen Beeinflussungsverhältnis. Die Freude am L1-Erwerb, verbunden mit einer dadurch immer besser gelingenden Umweltbewältigung, verstärkt die Motivation, und umgekehrt bewirkt diese Motivation, daß das Kind weitere Lernsituationen schafft, sucht und nutzt (vgl. Girard 1977). Dennoch kommt es zunehmend vor, daß seine

Bezugspersonen intentional einwirken, indem sie die Motivation künstlich zu verstärken suchen (Strohner 1976). Sie verlängern und nutzen die erkannten Sprachlernsituationen, indem sie das Kind ermuntern, belohnen, korrigieren und mit ihm gezielt üben. Wie Wilkinson (1975) deutlich macht, können auf diese Weise immer mehr Sprachlernsituationen in Sprachlehrsituationen umschlagen, sobald die Bezugspersonen sich ins Spiel bringen. Die Übergänge sind gleitend, und mehr und mehr dominieren mit zunehmendem Alter des Kindes die Sprachlehrsituationen. Dazu ein authentisches Beispiel:

*Kleiner Sohn*: Hi, Mum, Daddy *goed to the zoo with me, yesterday.
*Mutter*: It's "went", Timmy. He went there with you, didn't he?
*Sohn*: Yes, when do you *went there with me?

Damit kommt zunehmend die Bedeutung des Motivierens ins Spiel. Immer noch können dabei gelegentliche Sprachlernsituationen eine Rolle spielen, und immer noch kann die Motivation den Lernprozeß initiieren.

Grundsätzlich gilt: *Als effektivste Motivierung ist jene anzusehen, die ihren Ausgang bei der Motivation nimmt. Und die ertragreichste Sprachlehrsituation ist dann gegeben, wenn sie sich an der Sprachlernsituation orientiert.*

Jede fachdidaktische Reflexion und Diskussion, die auch nur einen einzigen der hier dargestellten vier Bereiche außer acht läßt, verleitet zu einer verzerrten Sicht der tatsächlichen Zusammenhänge. Es ist stets das Zusammenwirken aller vier Bereiche im Blick zu behalten. Im Hinblick auf den schulischen Fremdsprachenunterricht ist deshalb kritische Zurückhaltung gegenüber allen solchen Überlegungen und Veröffentlichungen angebracht, die über die motivationalen Konstellationen der Schüler Aussagen machen, ohne auf die Frage nach der Motivierung einzugehen. Ebenso ist Skepsis angebracht bei solchen Aussagen, die sich der Frage der Motivierung widmen, ohne den Komplex der Motivation zu berücksichtigen. Das Motivationsgeschehen unter den Bedingungen und Dispositionen der Schule und des Klassenzimmers wird durch eine Reihe von Variablen beeinflußt, die in einem interdependenten Wirkungszusammenhang und damit zugleich im Widerstreit stehen.

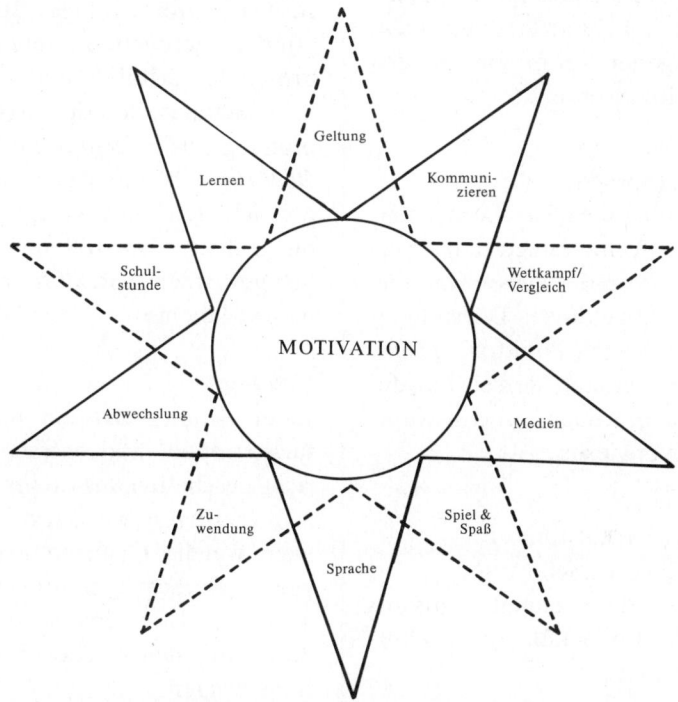

Die in der Grafik mit durchgezogener Linie ausgewiesenen Felder zeigen die wesentlichen **externen Faktoren** auf, also das Zusammenwirken der Zwänge, in die der Schüler bzw. die Schülerin gestellt ist:

**Lernprozeß**
Dem Schüler werden Lernanstrengungen abverlangt, damit er bestimmte Pensen in bestimmer Zeit, anhand bestimmter Inhalte, mit Hilfe bestimmter Medien etc. erwirbt und mit Erfolg erreicht.

**Kommunikation**
Ausgehend vom übergeordneten Leitziel der Kommunikationsfähigkeit herrscht im L2-Unterricht der Zwang zum Einüben kommunikativen Verhaltens vor. Darunter sind auch so elementare, aber eben auch unabdingbare Voraussetzungen wie

15

dem anderen zuhören, den anderen ausreden lassen und ein hinreichendes Maß an Ruhe zu berücksichtigen.

### Lernhilfen (Medien)
Der Lerngegenstand muß vorwiegend über Medien präsentiert werden. Diese Medien (Bücher, Arbeitshefte, unterschiedliche Ton- und Bildträger, Sprachlabormaterialien und Zusatzlektüren) müssen – auch in eigener Verantwortung des Schülers – bewältigt werden.

### Lerngegenstand (Sprache)
An dieser Stelle über die L2 als Lerngegenstand ausführliche Anmerkungen anzubringen, würde den Rahmen dieses Kapitels sprengen. Jede abgekürzte Darstellung würde diesem wichtigen Punkt wiederum nicht gerecht. Es sei statt dessen auf die betreffenden Ausführungen in den Kapiteln 2.6 und 2.7 verwiesen.

### Lernorganisation (Schulstunde)
Unter dem Stichwort „Schulstunde" sind alle jene äußeren Gegebenheiten zusammenzufassen, die für Schüler den Schulvormittag bestimmen:

– das Zusammensein mit (vielen) anderen in einem Raum;
– das Gestühl, die Licht- und Luftverhältnisse, die Akustik, der Zugang zu den Medien, die Störfaktoren innerhalb und außerhalb des Klassenraumes;
– die zeitliche Dimension, also die lernpsychologisch niemals gerechtfertigte Einteilung in 45-Minuten-Lektionen (vgl. Weinrich 1981);
– die Abfolge der einzelnen Stunden. Es

ist z.B. motivational nicht unerheblich, ob vor oder nach der Englischstunde eine Deutsch-, Mathematik- oder Sportstunde liegt;
– und schließlich auch die Tatsache, daß aufgrund der stets notwendigen Präsentation neuer Redemittel, des gemeinsamen Hörens und Übens die frontalunterrichtlichen Strukturen dominieren.

In das Faktorengefüge dieses mehr oder minder geregelten äußeren Rahmens bringt der Schüler, und zwar jeder einzelne Schüler, in individuell anderer Ausprägung ein *Geflecht von Erwartungen und Bedürfnissen* ein, das in der Grafik mit gestrichelten Linien dargestellt ist. Durch die grafische Darstellung ist bereits deutlich geworden, wie alles mit allem zusammenwirken muß.

*Geltung*
Jeder Schüler hat ein natürliches Geltungsstreben, und betrachtet das Unterrichtsgeschehen aus dieser Sicht, wenn er z.B. registriert, wer wie oft „drankommt", wem welche Chancen geboten werden, wieviel Gerechtigkeit innerhalb der Stunde waltet. Jeder möchte „zum Zuge kommen" und sich vor den anderen zur Geltung bringen.

*Wettkampf und Vergleich*
Leistungsvergleiche mit den anderen stellen ein natürliches Grundbedürfnis des Schülers dar. Jenseits aller Hinweise auf die Gefahren der Schule als Selektionsinstanz ist hier auch davon zu sprechen, daß es ein legitimes Anliegen jedes Schülers ist, seinen Stand zu bestimmen, einmal zu denen ganz vorn zu zählen oder zusammen mit seiner Gruppe Sieger zu sein.

*Spiel und Spaß*
In diesem Bereich kommt der Spieltrieb des Menschen zum Tragen. Spielendes Lernen bzw. spielerische Verfahren sind deshalb keinesfalls Gegensätze. Der Bereich schließt Bewegungsfreude, Bedürfnis nach Partnern und Geselligkeit, Nachahmungs- und Ausdrucksfreude ein.

*Zuwendung*
Das Zuwendungsbedürfnis ist nicht nur auf den Lehrer bezogen. Eine große Rolle spielen in diesem Kontext auch die Sitznachbarn, Klassenkameraden und Schulweggefährten. Die vielen Experimente mit der äußeren und inneren Differenzierung und die damit einhergehende institutionell verordnete Instabilität in den interpersonellen Beziehungen können sich gerade im L2-Unterricht negativ auswirken.

*Abwechslung*
Der methodisch versierte Lehrer weiß um dieses Bedürfnis und entspricht ihm mit entsprechenden Maßnahmen, wie z.B. Wechsel der Arbeitsform, stufenweise Abstraktion, Medienwechsel, Verfremdung, Überraschung, Spannung und Veranschaulichung.

Mit diesen fünf Bereichen ist der Gesamtkomplex der individuell eingebrachten Faktoren keineswegs hinreichend dargestellt. Neben den Bedürfnissen bestimmen viele andere Variablen das Motivationsgeschehen mit: *Einstellungen, Einfühlungsfähigkeit, Anspruchsniveau, Gewissenhaftigkeit, Emotionalität, Reflexionsvermögen, Neigungen, Neugier, Erkenntnisse, Einsichten, Überzeugungen, Erfahrungen und Engagement* sind einige davon. Sie können positive, aber auch negative Vorzeichen tragen. Gefahr einer Wirkung in negativer Richtung ist vor allem dann im Verzuge, wenn solche Faktoren wie Angst, herrische Ungeduld des Lehrers, Abneigung gegenüber bestimmten Mitschülern und Lehrern, resignative Selbsteinschätzung, begrenzte kognitive Kontexte und dauernde oder vorübergehende physische Handikaps im Spiele sind. So ist der Motivationskomplex ein höchst dynamisches und spannungsvolles Geschehen, das den Lehrer üblicherweise dann am stärksten herausfordert, wenn er mit den Schülern gezielt arbeiten und üben will. Das führt zu unseren Englisch- bzw. Französischstunden zurück. Auf mehr assoziativem Wege bietet M. Finocchiaro (1976) einen Begriffsraster an, der zugleich praxisorientierte Anleitungen in sich birgt:

M – Motivation, Methodology, Mother tongue, Mastery
O – Objectives
T – Techniques
I – Involvement, Intergration
V – Values
A – Attitudes, Activities, Achievement, Articulation
T – Transfer, Translation, Textbooks, Testing
I – Interference, Individualization
O – Observation
N – Native culture, Needs

Weitere recht pragmatische Zugänge zu diesem Feld finden sich u.a. auch bei I.S.P. Nation (1975) und P. Mugglestone (1977).

## 2. Motivationale Zusammenhänge im Fremdsprachenunterricht

Die bisherigen Überlegungen und Ausführungen beziehen sich mehr auf die Unterrichtsprozesse generell. Sie sind nun mit jenen Variablen zu korrelieren, die speziell durch das Schulfach Fremdsprache vorgegeben sind. In der fachdidaktischen Literatur werden sie mit unterschiedlichen Termini belegt. Hüllen (1971, S. 20) spricht von der „Gegenstandsabhängigkeit" des Fremdsprachenunterrichts. Gutschow (1981, S. 25) wählt den Begriff „Sondercharakter". Sauer (1985) nennt sie die „strukturellen Gegebenheiten" des Fremdsprachenunterrichts. Alle drei Begriffe meinen aber denselben Sachverhalt. Das Fach Fremdsprache unterscheidet sich von den anderen Schulfächern durch eine Reihe von fachspezifischen Eigenheiten, die – wie noch zu zeigen sein wird – mit dem Bemühen um motivierende Unterrichtsformen erst überwunden werden müssen.

### 2.1 L1-Ambiente

Eine Fremdsprache (L2) wird in der Schule in der Umgebung der Muttersprache (L1) gelernt. Die L1-Umgebung, das L1-Ambiente, erweist sich dabei als wenig förderlich. L1-Ambiente bedeutet: Wir müssen mit unseren fünf oder vier oder gar nur drei Wochenstunden gegen die Dominanz der L1 „an-unterrichten". Den ganzen Tag über und unmittelbar vor und nach den L2-Stunden hören und sprechen die Schüler die Muttersprache, leider viel zu häufig auch noch in den L2-Stunden selbst. Legt man eine durchschnittliche jährliche Unterrichtszeit von 40 Wochen zugrunde, so läßt sich schnell ermitteln, wie viele 45-Minuten-Lektionen tatsächlich dem L2-Lernen zur Verfügung stehen. Rechnet man dann einen durch Krankheit, Ausflugzeiten und sonstigen Unterrichtsausfall bedingten Reibungsverlust von 10% hinzu, so wird deutlich, daß uns vor allem ausreichende Lern- und Übungszeit fehlt. Dies muß gegenüber Schul- und Bildungspolitikern immer wieder geltend gemacht werden.

### 2.2 Einsprachigkeit

Der L2-Unterricht soll prinzipiell einsprachig ablaufen. Seit Butzkamm (1973) hat die Diskussion um die Einsprachigkeit die Gemüter bewegt. Einsprachigkeit bedeutet: *Die Zielsprache ist zugleich Unterrichtssprache.* Das Ziel ist zugleich auch der Weg und vice versa. Das beinhaltet die für das Motivationsgeschehen äußerst bedeutsame Problematik der Diskrepanz von Ausdrucksvermögen und Interessenlage. Das sprachliche Vermögen entspricht nicht immer den altersbedingten Interessen bzw. die Interessen und Themen können aufgrund mangelnder Sprachkompetenz nur sehr unzureichend versprachlicht werden. Ziel ist dabei immer das Produkt. Das Produkt ist das Können. Aber es ist nur erreichbar über das tatsächliche Tun, über den Prozeß. Wir haben es hier in reinster Form mit einem „learning by doing" zu tun. Die Verwirklichung dieses Lernprinzips ist nicht leicht. Jeder auf Einsprachigkeit hin angelegte Unterricht verlangt vom Lehrenden, daß sie bzw. er zum einen das zu lernende sprachliche Pensum in jeder Hinsicht so beherrscht, daß man als Modell wirken kann. Zum anderen muß man aber die Redemittel erworben und verfügbar haben, mit denen man das Unterrichtsgeschehen und den Ablauf der Lernprozesse organisieren,

moderieren und steuern will. Wichtig ist also eine optimale Beherrschung der L2-Unterrichtssprache. Das Kapitel 6.2 befaßt sich mit diesem Arbeitsbereich noch gesondert.

### 2.3 Primat des Mündlichen

Der mündliche Sprachgebrauch soll möglichst dominieren. Der L2-Unterricht unterliegt dem Primat des Mündlichen. Viele Lehrer sind freilich schlecht beraten, wenn sie meinen, sie müßten jede L2-Stunde so gestalten, daß jeweils 45 Minuten lang munter parliert wird, daß gleichsam jede L2-Stunde ein Synonym für 45-Minuten-Hochstimmung sein müsse. Dies ist allein schon aus physischen Gründen von keinem L2-Lehrer Vormittag für Vormittag zu erwarten. Es geht vor allem um die richtige Relation und Gewichtung der traditionellen *four skills*.

| Hörverstehen | Sprechen | ◀ mündlich |
|---|---|---|
| Leseverstehen | Schreiben | ◀ schriftlich |

▲ rezeptiv     ▲ produktiv

Der englische Begriff *skill* meint sowohl den Aspekt der Fertigkeit als auch den der Fähigkeit (vgl. Littlewood 1981, 1984). Weil in der deutschsprachigen Literatur mit den Termini Fertigkeit und Fähigkeit zuweilen mißverständlich umgegangen wird, sollte man hier getrost das Wort *skill* verwenden. Die obige Anordnung der *four skills* macht nur die Unterscheidung mündlich/schriftlich bzw. rezeptiv/produktiv deutlich, zeigt zunächst nur auf, was vorhanden ist, ohne sogleich auch die

Handlungsrichtung anzugeben. Diese nämlich ergibt sich unter Berücksichtigung von Lernbarkeit und Lehrbarkeit als *didaktische Folge* im zeitlichen Nacheinander: Hörverstehen, dann Sprechen, dann Leseverstehen, dann Schreiben (vgl. Gutschow 1978, S. 26). Hierbei wird deutlich, daß die sog. grafischen skills *Leseverstehen* und *Schreiben* den mündlichen, also dem Hörverstehen und Sprechen auch in quantitativer Hinsicht nachgeordnet sind. Das ist dem L1-Erwerb nachmodelliert, ist

lernpsychologisch und damit unterrichtlich bedingt. Mit der folgenden Grafik sollen in etwa die Relationen der Volumen
der einzelnen Teilleistungsbereiche verdeutlicht werden:

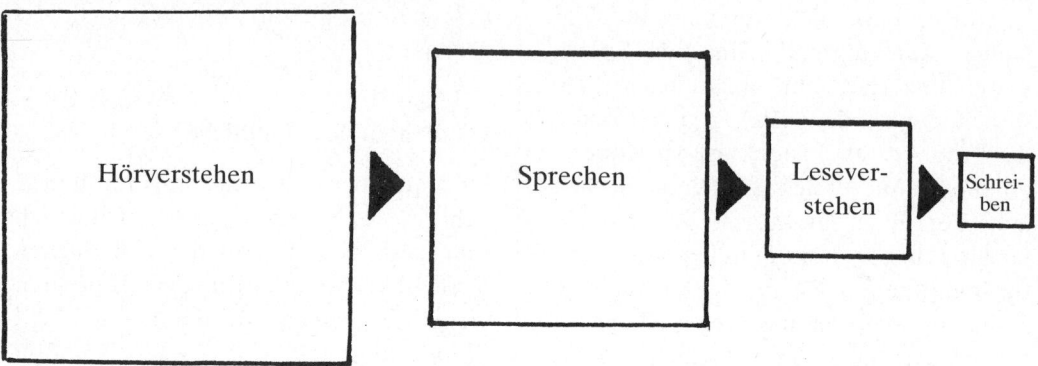

## 2.4 Lehrgangsbezug

Der L2-Unterricht ist lehrgangsbezogen.
Es müssen bestimmte Pensen und *skills* im
genau überlegten und organisierten Nacheinander erarbeitet werden. Damit ist der
Fremdsprachenunterricht *fertigkeitenorien-
tiert*, *übungsintensiv* und *prozeßabhängig*.
In immer neuen situativen Zusammenhän-
gen und Transfersituationen muß das
Sprachkönnen permanent wiederholt, aktiviert, gefestigt oder konsolidiert werden.
Lehrgänge geben immer Lernwege vor.
Sie legen stets schon fest, was vorauszuset-
zen ist, und was aufgrund bestimmter Voraussetzungen folgen kann. Der Lehrgang
zwingt somit zum gemeinsamen Gang
durch das Pensum. Die Lerngruppe darf
nicht zu weit auseinanderfallen. Der Differenzierung oder gar der Individualisierung
sind durch den Lehrgangscharakter natür-
liche Grenzen gesetzt. An bestimmten
Stellen muß im Lehrgang angehalten werden, muß nachgesehen und überprüft werden, ob alle Schüler „mitgekommen" sind.
Diese Pausen und Überprüfungsstellen

sind, vom Lehrstoff her bedingt, bereits wieder Bestandteil des Lehrgangs. Vom Lehrer muß erwartet werden, daß er den Lehrgang vorausschauend überblickt, sich der
unterschiedlichen Steilheitsgrade bewußt
ist und auf die Hindernisse und „Stolper-
steine" rechtzeitig hinweist. Das angemes-
sene Arbeitstempo spielt eine ebenso große
Rolle wie die sinnvoll eingesetzten Phasen
des Verweilens. Happiness is found along
the road, not at the end of it.

In jüngster Zeit hat Sauer (1985) erneut
den Aspekt des Lehrgangsbezugs unter
dem Terminus ‚Sequentialität' wieder in
die Diskussion gebracht und dabei auch
auf die Negativwirkung der Sequentiali-
tätsstruktur hingewiesen. Nun dürfen freilich Begriffe wie *Lehrgang*, *Lernweg* und
*Sequentialität* nicht dazu verleiten, an ein
additives, stringentes, gleichsam abzuha-
kendes Nacheinander zu denken. Lehrer-
äußerungen wie etwa „Das haben wir aber
doch schon durchgenommen!" belegen die
Dominanz eines solchen „linearen" Ver-
ständnisses. Es muß aber darauf ankom-

men, daß wir zyklisch oder spiral-curric-
cular denken und vorgehen. Hier kommt
van Parrerens Lehre von der Regsamkeit
der Gedächtnisspuren ins Spiel. Diese hat
im wesentlichen zum Inhalt, daß das
Gedächtnis in Spurengruppen aufgeteilt
ist, die verhältnismäßig selbständig sind
und die Organisation des Gedächtnisses
ausmachen. Die Spurengruppen haben
untereinander keine oder nur lose Verbindungen, die einzelnen Spuren innerhalb
einer Spurengruppe dafür eine um so
festere.

Von entscheidender Bedeutung ist nun die
Tatsache, daß die einzelnen Spurensy-
steme mehr oder weniger stark aktiviert
werden und deshalb auch unterschiedlich
starke Aktivitäten aufweisen, d.h. Teile
eines häufiger aktivierten Systems stellen
sich leichter zur Verfügung, Teile eines
weniger aktivierten Systems lassen sich
schwerer, häufig gar nicht mehr abrufen.
Da die Spuren einer Spurengruppe vielfältige Verbindungen haben, läßt sich die
Reaktivierung „vergessener" Einheiten
erreichen, wenn man die gesamte Spurengruppe reaktiviert. Behalten und Vergessen hängen also von der Regsamkeit und
Aktivierung bzw. Reaktivierung der Spu-
rensysteme ab (vgl. Parreren 1966, 1974).
Für das Unterrichtsgeschehen bedeutet
dies, daß – zyklisch gedacht – die Schüler
wiederholt und in bestimmten zeitlichen
Abständen an bestimmte Pensen und Pen-
senteile gleichsam „herangeführt" werden
müssen. Anhand der drei Teilsysteme der
Zielsprache wäre etwa eine neue Vokabel,
eine neue Struktur, ein neues Laut- oder
Intonationsphänomen in zeitlich wachsen-
den Abständen und in immer neuen, sich
erweiternden Kontexten anzubieten, damit

es regsam und verfügbar bleibt und dem
Vergessen nicht so schnell anheim fallen
kann. Dieser Sachverhalt soll mit der fol-
genden Grafik verdeutlicht werden: Aus
dem anfangs recht engen trialektischen
Bezug zwischen den drei Teilsystemen
Lexik, Grammatik und Phonetik soll eine
Ausweitung in quantitativer und qualitati-
ver Hinsicht erfolgen. Diese Grafik zeigt
nun, wie z.B. auf dem lexikalischen Strang
in zeitlicher Erstreckung eine mehrfache
Konfrontation des Schülers mit dem neuen
Teilpensum erfolgen muß. Eine weitere
Spirale könnte für den grammatischen und
wieder eine weitere für den phonetischen
Strang eingefügt werden.

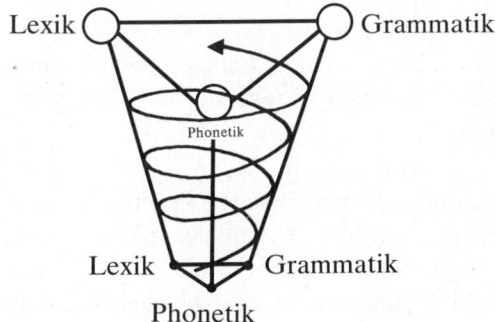

## 2.5 Übungsintensität

Der L2-Unterricht ist übungsintensiv.
Aufgrund eigener Unterrichtserfahrungen
und vieler Beobachtungen darf ich annehmen, daß etwa 75 bis 80% des Unterrichts
der Sekundarstufe I aus Übungs-, Trai-
nings-, Automatisierungs-, Habitualisie-
rungs- und Konsolidierungsaktivitäten
bestehen. Der Lerngegenstand L2 ent-
zieht sich z.T. solchen unterrichtlichen
Kategorien, die das exemplarische und
entdeckende Lernen in den Mittelpunkt
stellen. Man kann im L2-Unterricht nicht

alle Phänomene exemplarisch und entdeckend erschließen, was freilich nicht heißen soll, daß durch kontrastive Sprachbetrachtung, also durch bewußte Einbeziehung der L1, einiges nicht doch möglich ist. Die tiefergehenden Gesetzmäßigkeiten, etwa im semantischen oder etymologischen Bereich, liegen aber außerhalb dessen, was man mit Schülerinnen und Schülern der Sekundarstufe I erschließen kann. Es gibt im L2-Unterricht kaum „Aha-Erlebnisse" im klassischen Sinne. Nur weniges vom Lernstoff läßt sich zum Erlebnis machen. Dem Entdecken und Aufspüren, dem Gestalten und Schaffen sind dadurch Grenzen gesetzt, daß die Redemittel immer erst rezeptiv aufzunehmen sind. Mit „Aufnahme" ist gemeint, daß wir einen bleibenden Bestand erarbeiten müssen. Das eben bedeutet große Übungsintensität.

Soll das angelegte Repertoire der Redemittel sich nicht wieder verringern oder ganz schwinden, so müssen solche Unterrichtsmaßnahmen gewählt werden, die dem Vergessen entgegenwirken. Mehr als zuvor sind die Phänomene des Behaltens- und Vergessenseffektes wieder Gegenstand der fachdidaktischen Reflexion. Mit dem Begriffspaar *Behalten* und *Vergessen* ist hier bewußt darauf hingewiesen, daß das menschliche Gehirn sowohl speichern als auch löschen kann. Was das Löschen angeht, so sind die Vergessenstheorien längst davon abgegangen, das Vergessen als allmähliches Verlieren oder Abtragen von Wissens- und Erfahrungsrepertoires anzusehen. Das Vergessen wird wesentlich bestimmt durch die Besonderheiten des Lernstoffes, der Lernsituation und der individuellen Bezugnahme zu beiden Bereichen. Dabei können Interferenzen negativer Art, Vorprägungen (als negativer Transfer) aufgrund bereits vorhandener Erfahrungen aus anderen Lernbereichen, aber auch Verdrängungsmechanismen eine Rolle spielen. Wichtig ist insgesamt die von Kintsch (1970) vorgenommene Unterscheidung in drei wesentliche Speicherarten: *das sensorische Gedächtnis, das Kurzzeit- und das Langzeitgedächtnis.* Das sensorische Gedächtnis ist heute mehr unter dem Terminus *Ultrakurzzeit-Gedächtnis* bekannt. Es fungiert als ein erster Filter für alle Wahrnehmungen des Menschen, d.h. alle Informationen treten zuerst in dieses Ultrakurzzeit-Gedächtnis ein. Dort zirkulieren sie nur wenige Sekunden lang. Ist für sie keine besondere Aufmerksamkeit vorhanden, oder lassen sie sich nicht an andere schon vorhandene Erinnerungen anknüpfen, sind sie also für die weitere Speicherung nicht relevant, so gehen sie schnell wieder verloren. Dieses nur sekundenlange Behalten bzw. sofortige Vergessen macht die besondere Entlastungsfunktion deutlich, die das Ultrakurzzeit-Gedächtnis für das gesamte Gehirn ausübt. Es *muß* selektieren und vergessen. Übte es diese Filterfunktion nicht aus, so wäre das Gehirn gezwungen, über jede der vielen tausend Einzelinformationen „nachzudenken", und damit wäre jegliche Automatisierung der menschlichen Tätigkeiten verhindert. Das hätte z.B. zur Folge, daß jeder Autofahrer so fahren müßte, wie in seiner ersten Fahrstunde. Dadurch wird zugleich auch die lebenswichtige Bedeutung des Ultrakurzzeit-Gedächtnisses für den Menschen deutlich. Das Ultrakurzzeit-Gedächtnis ist mit einem Filter vergleichbar, der alles zurückhält, was für die weitere Verwendung nicht bedeutsam genug ist, der aber alles passieren läßt, was für die weitere Bearbeitung und Speicherung in irgendeiner Beziehung relevant ist.

Wie das Ultrakurzzeit-Gedächtnis so hat auch das Kurzzeit-Gedächtnis nur eine relativ kurze Speicherzeit. Ein weiteres Merkmal ist seine relativ geringe Speicherkapazität. Für unsere Überlegungen ist aber vor allem seine besondere Störanfälligkeit von Wichtigkeit. Diese ist abhängig von der Menge der Informationen, von deren Ähnlichkeit oder Unterschiedlichkeit, von der Geschwindigkeit der Informationsaufnahme und des Informationswechsels. In ganz besonderem Maße unterbrechen auch Ängste und Schocks die Informationsaufnahme. Foppa (1972, S. 297f.) weist darauf hin, daß exakte Untersuchungen über die sog. retrograde Amnesie, das rückwirkende Vergessen, noch nicht zur Verfügung stehen. Dennoch ist dies ein Phänomen, das im Alltagsleben häufig zu beobachten ist. Wie Vester anschaulich demonstriert, beklagten Verkehrspolizisten bei der Befragung von Unfallbeteiligten zur Rekonstruktion des Geschehens meist deren mangelndes Erinnerungsvermögen. Bei Unfällen scheint ein besonders extremer Fall von Eindrucksverdrängung, Informationsbelastung und zugleich Informationsverlust vorzuliegen. Das sich in Sekundenschnelle abspielende unheilvolle Geschehen kann zwar vom Ultrakurzzeit-Gedächtnis registriert und im wesentlichen auch in das Kurzzeit-Gedächtnis übergeleitet werden, der Schock ist aber so stark, daß der weitere Übergang in das Langzeit-Gedächtnis blockiert ist. Die Informationen verbleiben im Kurzzeit-Gedächtnis, wo sie nach einer Verweildauer von maximal zwanzig Minuten verblassen und verlöschen. Es vollzieht sich damit die oben bereits erwähnte retrograde Amnesie.

Viele von Vester und auch von uns in der Unterrichtspraxis beobachteten Beispiele deuten darauf hin, daß es zu Denk- und Behaltensblockaden, also zu retrograden Amnesien, auch in der Schule kommen kann, nämlich dann, wenn rücksichtsloser Lernzwang, herrische Ungeduld des Lehrers und viele weitere Faktoren Ängste und Schocks auslösen. Es muß gebührend beachtet werden, daß auch Angst ein Motiv ist, das im schulischen Lernen sehr häufig vorkommt. Neben dem Wirksamwerden latent vorhandener, zur Persönlichkeitsstruktur eines Kindes gehörender Grundangst kann Angstreaktion auch situationsspezifisch erzeugt werden. So können die Angstmotive durch besondere Unterrichtsmethoden, irritierende Methoden- und Medienvielfalt, frustrierende Höhe der Lernforderungen, zu große Informationsdichte und durch weitere Faktoren sensibilisiert werden. Der Schüler flüchtet sich in Furcht-, Versteck- und allgemeine Vermeidungsreaktionen. Vesters erläuternde Beispiele vor allem aus dem Bereich des schulischen Lernens wollen auf die Tatsache aufmerksam machen, daß Lehrer und Lehrbuchautoren in Unkenntnis der Eigenart und der Funktionsweisen des Kurzzeit-Gedächtnisses vielfach erst die Unterbrechung der Speicherprozesse verursachen. Das Vergessen ist also differenzierter zu sehen als bisher, da zwischen einem völligen Verlust von Erinnerungen und einer zeitweiligen oder dauernden Verschüttung derselben oder der Zugänge zu denselben unterschieden werden muß. Wie Vester (1975, vgl. auch Bergius 1972) deutlich macht, genügt bei einem intensiven Erlebnis oft dessen einmalige Aufnahme, die dann ein Leben lang im Langzeitspeicher haftet. Dagegen besteht die Schwierigkeit beim Lernen darin, daß der Lernstoff in der Regel nicht *erlebt*, sondern nur hörend, sehend oder lesend aufgenommen wird. Wir müssen deshalb alle Lernstoffe mehrfach und über mehrere Kanäle aufnehmen, bis sie haften. Dabei muß das Gehirn Vorstellungen und Bilder *verknüpfen*, um die unterschiedlichen Wahrnehmungskanäle eines echten Erlebnisses wenigstens teilweise zu ersetzen. Ein-Kanal-Informationen müssen innerlich zu Mehr-Kanal-Informationenen gemacht werden, um „Quasi-Erlebnisse" zu erzeugen. Und damit wird nach Vester auch der Weg für das spätere Wiederauffinden von Informationen durch Assoziationen gebahnt.

## 2.6 Komplexität

Die Entwicklung der lebenden Fremdsprachen hat dazu geführt, daß eine L2 kein leichtes Lernobjekt ist. Wir stoßen hier an komplizierte Vielschichtigkeiten und Aspektvarianzen auf der strukturellen Ebene; im Lexikbereich auf ein Volumen, das Lernprobleme wie die Synonymik, die präpositionellen Verben, feste Wendungen, Wortzusammensetzungen, Lehnwörter, Kurzwörter (clippings), faux amis u. a. nach sich zieht. Das Hauptproblem ist für Schüler aber mit Sicherheit von der ersten Lektion, der ersten Lehrbuchseite an die Phonem-Graphem-Diskrepanz. Es dauert eine Weile, bis Schüler gelernt haben, der

L2 gründlich zu mißtrauen. Nimmt man z.B. für das Englische die Graphemkombination *ea,* so muß man lernen: *ea* kommt als Repräsentant des Phonems [e], etwa im Wort r*ea*dy, ebenso vor wie als Repräsentant des Phonems [i:], wie im Wort r*ea*ding. Geht der Schüler nun von der Phonem-Seite aus, so setzt sich das Verwirr-Spiel weiter fort: Das Phonem [i:] kann repräsentiert werden durch die Grapheme *ea* (r*ea*d), *e* (h*e*), *ee* (tr*ee*), *ie* (bel*ie*ve), *ei* (rec*ei*ve), *oe* (Ph*oe*be). Auch das Kind mit Englisch als L1 muß hier behutsam, gründlich und langfristig in die verzwickte Materie eingeführt werden. Wer die Fehler englischsprachiger Schüler in den ersten Schuljahren studiert und analysiert, kann die Komplexität des Lernobjektes ermessen. Zwar regelt die englische Sprache die Kompliziertheit der Graphem-Phonem-Zuordnung auf einer abstrakteren Ebene, aber diese kann vom englischsprachigen Schüler erst sehr spät durchschaut werden und ist dem deutschen Schüler mit Englisch als L2, wenn alles gutgeht, erst am Ende der Sekundarstufe I in einigen wenigen Punkten einsichtig zu machen. Warum bestimmte Graphem-Verbindungen bestimmte Ausspracheweisen vorgeben und andere wieder nicht, bedarf einer intensiven Arbeit in diesem Problemfeld. Dem Lerner bleibt im wesentlichen nur der Ausweg in das katalogisierende Sammeln und phänomenologische Zuordnung von Beispielen mit gleicher Lautung und/ oder Schreibung, etwa in der Art der in der neuen Lehrwerkgeneration wieder verstärkt auftretenden Phonetikübungen. Sehr hilfreich ist es, regelrechte Listen anzulegen, sie ständig zu aktualisieren und dem Schüler zu präsentieren.

## 2.7 Abstrahierung

Zur Exemplifizierung greife ich das einfache Beispiel der Semantisierung einer einzelnen Vokabel heraus, um die verschiedenen Stufen der Abstrahierung aufzuzeigen. Im Gegensatz zum Neuen Testament, Johannes 1, ist im L2-Unterricht das Wort nicht am Anfang, sondern stets am Ende. Ziel unseres unterrichtlichen Bemühens muß sein, daß der Schüler eine neue Terminologie für das erwirbt, was er in der L1 ohnehin schon benennen oder beschreiben kann. Damit ist zugleich auch das wesentlichste motivationale Problem des L2-Unterrichts gekennzeichnet: *Es fehlt die vitale Äußerungsmotivation.* Es geht demnach um Lernvorgänge auf abstrakter Ebene. Schon in der L1 ist der sprachliche Begriff ein Abstraktum. Der entsprechende L2-Begriff ist vom Fremdsprachenschüler aus gesehen noch abstrakter. Um zu der obersten Abstraktionsstufe, nämlich zum Wort zu gelangen, ist es lernpsychologisch sinnvoll und hilfreich, daß wir uns auf unterschiedlichen Stufen der Abstraktion hin und her bewegen. Diese Stufen lassen sich in der folgenden Weise darstellen:

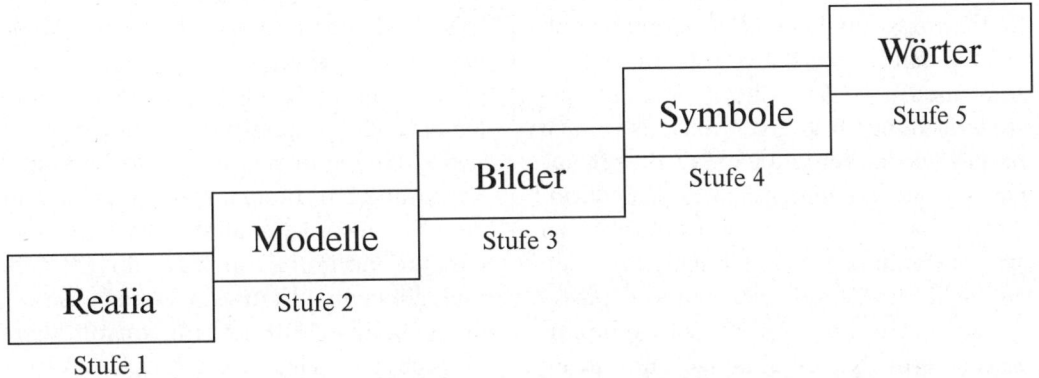

*Stufe 1* sind die benannten oder zu benennenden Gegenstände selbst, alle konkreten Gegenstände, die a) präsent sind oder die b) präsentierbar sind. Zu a) zählen die Dinge im Klassenzimmer, die Schreibutensilien, die bei dem Schüler vorhandenen Gegenstände. Unter b) sind alle Dinge subsumierbar, die sich mitbringen, herbeischaffen, besorgen lassen. Erfahrene Lehrer verfügen meist über ein umfangreiches Arsenal solcher in der Regel landeskundlich relevanter Gegenstände. Gemeinsames Merkmal aller dieser Gegenstände ist die Originalität bzw. die Authentizität, ihre „Handlichkeit" und relativ leichte Verfügbarkeit. Jedoch nicht alles läßt sich per Realgegenstand demonstrieren und semantisieren. Ein Londoner Doppeldekker-Bus wird sich schwerlich auf das deutsche Schulgelände oder gar in das Klassenzimmer schaffen lassen.

Hier beginnt die *2. Stufe* der Abstraktionstreppe, nämlich die der Modelle. Ihr gemeinsames Merkmal ist immer noch die Gegenständlichkeit, die Dreidimensionalität, die Nachbildungstreue. Meist kommen hier Spielzeuggegenstände oder Souvenir-Verkleinerungen zur Anwendung:

Puppen, Fahrzeuge, Schiffe, Flugzeuge, Modelle von bekannten Gebäuden.

Die *3. Stufe* ist die im L2-Unterricht häufigste und gängigste: Es ist die Bilddarstellung. Wir müssen hier zwischen Einzel-, Komplex- und Phasendarstellung unterscheiden (vgl. Gutschow 1976).

Auf der *4. Stufe* finden wir die Gruppe der abstrakteren Weiterentwicklung der Bilder; die *Vignetten, Zeichen, Symbole* und *Piktogramme.* Besonders letztere sind in den vergangenen Jahren, bedingt durch das Bedürfnis nach schnellerer und effektiverer internationaler Kommunikation, immer zahlreicher geworden. Vermehrt finden wir Symbole und Piktogramme nun auch in den Lehrbüchern. Ihr Vorteil liegt zum einen in der Tatsache, daß sie auf Versprachlichung drängen, teilweise auch bereits wieder kommunikative Rätsel aufgeben, und zum anderen aber auch darin, daß sie sich gut eignen, um Übungen zu strukturieren bzw. das Übungsgeschehen zu steuern. Verkehrszeichen etwa sind geeignet, Ge- und Verbote zu exemplifizieren. Mit Nationalitäten-Kennzeichen lassen sich Ländernamen üben. Bildsymbole wiederum eignen sich zu kontrastiven Übungen, z.B. für can/can't, has got/hasn't got, likes/doesn't like bzw. il peut/il ne peut pas, nous avons/nous n'avons pas, ils aiment/ils naiment pas.

Auf der *5. und letzten Stufe* steht schließlich der angestrebte Begriff, das neue fremdsprachliche Wort.

Als grundlegende Erkenntnis läßt sich für diesen gesamten Kontext formulieren: Nicht jeder Begriff kann bei der Erst-Semantisierung so dargeboten werden, daß jeweils alle hier ausgewiesenen Abstraktionsstufen von der untersten bis zur obersten beschritten werden können. Grundsätzlich und prinzipiell muß aber gelten: Es ist stets *der* Lernprozeß der ertragreichste und günstigste, der auf der tiefstmöglichen Abstraktionsstufe ansetzt, um damit zum einen ein Optimum an Anschaulichkeit und Konkretheit zu erreichen und zum anderen für die Prozesse der Wiederholung, Re-Semantisierung und Konsolidierung eine größtmögliche Anzahl von Stufen und damit eine hinreichende Variationsbreite zur Verfügung zu haben.

## 2.8 Medienabhängigkeit

Der L2-Unterricht ist in hohem Maße medienabhängig. Aus dem interdependenten Zusammenhang von Abstraktion, Komplexität, Lehrerbezug, Lehrgangscharakter, Übungsintensität, Primat des Mündlichen und Einsprachigkeit ergibt sich für den Fremdsprachenunterricht eine Sondersituation im Hinblick auf die Medien. Dies gilt in quantitativer Weise ebenso wie in qualitativer Hinsicht. In quantitativer Hinsicht gilt es insofern, als sich durch die einzelnen Abstraktionsstufen eine Anhäufung von Medien ergibt. Originalgegenstand, Modell, Bild und Symbol erfordern für die pädagogisch sinnvolle und lernpsychologisch effektive Erarbeitung allein einer einzigen Vokabel häufig mehrere Medien neben- oder nacheinander. In qualitativer Hinsicht gilt es dahingehend, daß landeskundliche Gehalte zu erschließen sind, die gewisse Ansprüche an die Medien stellen, was z.B. Authentizität und Aktualität angeht. In diesem Bereich spielen zunehmend die Tonträger, vor allem die Cassette, eine wichtige Rolle. Schließlich bietet der Medienbereich die günstigsten Voraussetzungen für einen Ausgleich motivationaler Defizite. Als Mittel der Veranschaulichung, Überraschung und Verfremdung sind die Medien die Hauptgaranten zur Förderung der Lernmotivation und des Lernerfolgs. Je mehr der Lehrer sich mit Medien *belastet*, desto stärker wird der Schüler lernpsychologisch *entlastet*. Sinnvoller und pädagogisch begründbarer Aufwand, Mühsal und Last mit der Beschaffung, Bereitstellung und dem Einsatz der Medien zahlen sich in jedem Falle dahingehend aus, da wir dadurch den Status des Buch- und Kreideunterrichts überwinden.

## 2.9 Prozeßbezug

Das angestrebte Produkt des Lernprozesses ist die Beherrschung der Fremdsprache. Es ist nur erreichbar über eine durchgehende Beteiligung am Prozeß. Wer nicht mitmacht, kann am Ende zu wenig. Der Weg ist das Ziel, das Ziel ist der Weg.

L2-Unterricht schließt aus, daß ein Schüler ein von anderen im Unterricht erarbeitetes Produkt lediglich übernehmen kann. Zugang zu dem *Produkt* L2-Können findet er nur durch die aktive Mitarbeit am unterrichtlichen *Prozeß*. Mittun und Mitbeteiligung als Voraussetzung gemeinsamen Lernens haben somit im L2-Unterricht einen weit höheren Stellenwert als in anderen Fächern. Im Kapitel 2.3 war unter dem Aspekt der Lernziele und im Hinblick auf den *skill*-Begriff schon auf den Zusammenhang von Fähigkeiten und Fertigkeiten eingegangen worden. Kennzeichnend für die Entwicklung des Sprachkönnens ist aber die trialektische Interdependenz von Fähigkeiten, Fertigkeiten und Kenntnissen. Jede dieser drei Konstituenten fördert die Entwicklung der beiden anderen. Jede steht im Dienste des Ganzen.

o Bei den *Fähigkeiten* stehen die zu entwickelnden Lerndispositionen der Schüler im Vordergrund, also die Frage, welche Lernkanäle sie am besten nutzen kön-

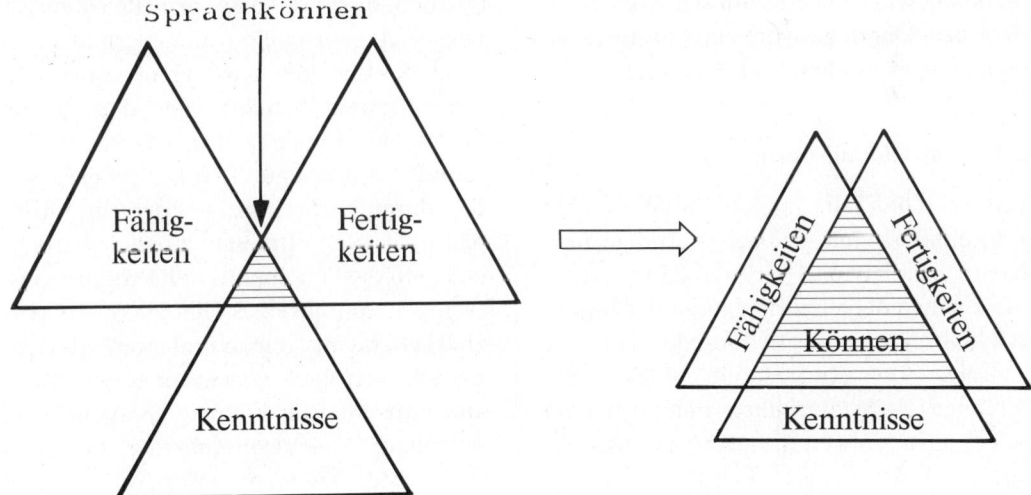

nen, wie es mit der Merk- und Löschfähigkeit, mit der Konzentration und Ausdauer und schließlich mit der gesamten motivationalen Konstellation bestellt ist.

o Für den Bereich der *Fertigkeiten* sind die Tätigkeiten des spontanen und imitativen Reagierens, des Trainings, der Geläufigkeitsschulung, des Automatisierens und Habitualisierens von hoher Relevanz für die motivierenden Übungsformen.

o Auf der Ebene der *Kenntnisse* kommen in dienender Funktion die Bewußtmachung, die einordnende Systematisierung, die kognitive Durchdringung, die Gewichtung und Prioritätensetzung, der Transfer und die intra- wie auch interlinguale Kontrastierung hinzu.

Alle die hier genannten und dabei keineswegs vollständig versammelten Variablen beziehen sich natürlich auf alle drei Teilsysteme der Zielsprache, also auf die Lexik, Grammatik und Phonetik. Dieser Zusammenhang wurde wiederum schon im Kontext der Überlegungen zum Spiralcurriculum angesprochen (vgl. Kap. 2.4).

## 2.10 Anwendungsbezug

Entgegen den jahrelangen Annahmen der Fachdidaktik hat es sich herumgesprochen: Schüler und Schulabgänger sind nicht unbedingt auch England- oder Frankreichfahrer. Der motivationale Wert der Tatsache, daß etwa Hauptschüler in der heutigen Zeit tatsächlich nach England oder gar in ein weiter entferntes englischsprachiges Land reisen, kann als unbestritten hingenommen werden, nur ist er eben *ein* Anwendungsbereich neben anderen,

der freilich traditionell vor allem auch in den Lehrwerken für die Sekundarstufe I zu hoch angesetzt wird. Seine Problematik ergibt sich zum einen dadurch, daß die meisten Schüler und Schulabgänger eben doch nicht nach England fahren, zum anderen aber – und dieses Argument wiegt schwerer –, daß Prozeß (Englisch lernen ab Klasse 5) und Anwendung (Englandfahrt im bzw. nach dem 9. oder 10. Schuljahr) zeitlich zu weit auseinanderliegen und deshalb vom Schüler ganz nüchtern in einem eklatanten Mißverhältnis gesehen werden, etwa auf die Kurzformel gebracht: 5 Jahre Englischunterricht für 5 Tage Englandaufenthalt. An diesem Punkt setzt auch Heuer (1978) mit seiner Kritik an, wenn er von einer pädagogisch verhängnisvollen, sprachpädagogisch unmoralischen Disziplinierungsethik spricht, die er darin gegeben sieht, daß Schüler ausschließlich auf später vertröstet werden: „Jetzt übst du Formen, damit du später Inhalte erschließen kannst – jetzt mußt du arbeiten, damit du später genießen kannst." Diese „Unehrlichkeit der permanenten Propädeutik" läßt nach Heuer auch den lernwilligsten Schüler aus dem Felde gehen. Wir brauchen also zwischenzeitlich bewußt vorverlegte Erfolgsbeweise, wie sie durch projektartig angelegte Einschübe in die Lehrgänge möglich werden, in denen die Schüler aus den Progressionszwängen mit ihren Steilheitsgraden vorübergehend aussteigen und ihre Teil- bzw. Zwischenerfolge gleichsam „genießen" und konsumieren können. Gemeint sind vor allem *Unterrichtseinheiten*, in denen bestimmte Themen, kooperatives und kommunikatives Handeln und in der Regel ein gemeinsam angestrebtes Ergebnis im Vordergrund stehen. Geht es z.B. im Französischunterricht um eine in Frankreich gängige bestimmte Speise, so wäre es denkbar, daß der Unterricht für eine gewisse Zeit unter dem Thema französische Gerichte steht. Dazu würde gehören, daß Schüler weitere Rezepte sammeln, sichten, sprachlich bearbeiten und dann in Gruppen (in der Schulküche) je eines der Rezepte erproben, dann evtl. auch eine kleine Rezeptsammlung erstellen, am Elternabend verteilen u.v.a.m.

## 2.11 Linguistische und pragmatische Orientierung

Linguistische und pragmatische Kompetenz sind keine unversöhnbaren Gegensätze. Mit der jahrelangen kontroversen Diskussion um diese beiden Termini ist in der fachdidaktischen Landschaft unnötiger Flurschaden angerichtet worden. Beide Aspekte sind notwendige Korrelate eines Ganzen. Wie in einer Ellipse sind linguistische und pragmatische Orientierung die *beiden* Brennpunkte, um die herum sich die didaktischen und methodischen Überlegungen bewegen müssen.

## 2.12 Weiterführende Denkansätze

In den letzten Jahren wurde zunehmend überlegt, wie man neue Perspektiven für den Fremdsprachenunterricht dahingehend eröffnen kann, daß das bestehende System von Schule und Unterricht nicht fortwährend weiter perfektioniert und verfeinert und damit im Grunde nur stabilisiert wird. So diskutiert man gegenwärtig, wie man einen stärker ganzheitlich verstandenen Fremdsprachenunterricht reali-

sieren kann, der die Lerner- wie Lehrerperson in ihrer Gesamtheit mit allen ihren Persönlichkeitsvariablen, auch ihren emotionalen Aspekten berücksichtigt. U.a. wird in diesem Zusammenhang häufig auf S. Krashen (1982) Bezug genommen. Damit wird freilich zugleich die traditionelle Orientierung an den angelsächsischen Ergebnissen der lernpsychologischen und psycholinguistischen Forschung fortgesetzt. Schon 1977 beklagt Gutschow (1977) diese einengende Sichtweise und weist auf jene Erkenntnisse hin, die in Osteuropa zur Verfügung stehen. Sieht man sich diese genauer an, so wird deutlich, wie besonders die sowjetische Psycholinguistik die Bedeutung und Relevanz des gemeinsamen Handelns für den Fremdsprachenunterricht herausgearbeitet hat.

Die sowjetische Psycholinguistik, die die westeuropäischen und amerikanischen Forschungen übrigens aufmerksam und kritisch verfolgt, sieht ihren Schwerpunkt in dem Bemühen, sprachliches Handeln als ein Spezifikum gesellschaftlich definierter menschlicher Tätigkeit zu thematisieren (vgl. Lewandowski 1976). Ausgehend von der in der Wygotski-Schule entwickelten Theorie der Tätigkeit wird der Grundgedanke verarbeitet, daß jede Sprachtätigkeit eine gesellschaftlich relevante geistige Handlung ist und als solche eine trialektische Einheit von Inhalt, Motivation und Vollzug darstellt (vgl. Lompscher 1969). Unter dieser Prämisse steht auch Wygotskis intensive Auseinandersetzung mit der Theorie von Piaget. Sie gipfelt u.a. in der Umkehrung der Lehre Piagets, nämlich daß die Entwicklung von Sprechen, Sprache und Denken nicht ihren Ursprung im „Egozentrischen" habe, sondern den Weg vom Sozialen zum Individuellen gehe. In diesem Kontext verdient Galperins Handlungstheorie besondere Beachtung (vgl. Galperin 1966, 1967).

Diese sieht den Menschen nicht nur als determiniertes, sondern als determinierendes, also bewußt handelndes, veränderndes und gestaltendes Wesen. Galperins Theorie beruht deshalb auf der These vom engen Zusammenhang zwischen Tätigkeit und Bewußtsein, wobei es Tätigkeit ohne Bewußtsein, niemals aber Bewußtsein ohne Handlung geben kann. Äußere Handlungen konstituieren die inneren, indem sie ihnen vorausgehen. Das führt schließlich zu einer Interiorisation dieser Handlung. Sie wird zu einer inneren Handlung, sozusagen zu einer „geronnenen" Handlung, die die materielle Handlung danach verkürzen kann. Interiorisation und Exteriorisation befinden sich in einer Wechselbeziehung insofern, als jede psychische Handlung auf einer ursprünglichen äußeren beruht, die interiorisiert wurde. Jede innere Handlung kann weitere äußere Handlungen produzieren, die dann wiederum verinnerlicht werden können. Menschliches Lernen ist nach Galperin immer abhängig von den aktiven und kreativen Faktoren innerhalb des dialektischen Verinnerlichungs- und Veräußerlichungsprozesses. Interiorisation und Exteriorisation gehen nach Galperin also eine dialektische Einheit ein. Das bedeutet zugleich die *dialektische Einheit von Handlung und Bewußtsein*. Damit ist die Grundauffassung der sowjetischen Psycholinguistik deutlich zutage getreten: Das zunächst rein als Verständigungsmittel dienende Phänomen Sprache wurde erst nach und nach auf höheren Stufen der gesellschaftlichen Entwicklung *verinnerlicht* und damit langsam zum Vehikel des Denkens. Die Gedanken finden ihren Weg nach außen, und zwar wiederum zu kommunikativen Zwecken, jedoch auf einer höheren Abstraktionsstufe, eben durch die Sprache, mit der dann neue Handlungen und Handlungsabläufe initiiert, reguliert und kontrolliert werden können. Das führt uns noch einmal auf die wichtige Frage nach dem Verhältnis von Fähigkeiten und Fertigkeiten zurück. Im Kapitel 2.9 wurde anläßlich der Überlegungen zum Prozeßbezug ein offenes Konzept im Sinne einer trialektischen Interdependenz von Fähigkeiten, Fertigkeiten und Kenntnissen vorgestellt. Im Gegensatz dazu sind die Fähigkeiten in der sowjetischen Lernpsychologie aus der Interiorisationstheorie heraus eindeutig definiert und festgelegt, und zwar im Sinne der schon erwähnten „geronnenen" Handlungen.

Nach Leont'ev (1974, S. 19) können Fähigkeiten deshalb immer nur erworbene sein. Leont'evs Erklärung der Fertigkeiten ist aus Wygotskis Auffassung von der gegenläufigen Entwicklung der L1 und L2 herleitbar, die ja besagt, daß die Entwicklung der L1 mit der freien Sprachverwendung beginne und mit der bewußten Erfassung der Sprachformen ende, während die Entwicklung der L2 mit der bewußten Erfassung der Sprache beginne und mit der willkürlichen Beherrschung ende. Damit bekommt nach Leont'ev der Begriff der Fertigkeit eine doppelte Bedeutung: Die Fertigkeit kann „von unten" her entstehen, nämlich als Resultat häufigen Gebrauchs und unreflektierter Nachahmung von

Sprache und „von oben" her als Ergebnis bewußten Lernens und Durchschauens, verbunden mit Automatisierungs- und Geläufigkeitstrainings, wobei die im L1-Bereich erworbenen Fähigkeiten und Fertigkeiten zum Zwecke der Lernerleichterung helfend herangezogen werden (vgl. Leont'ev 1971, S. 115).

Im Hinblick auf dieses Kapitel ist der in den Überlegungen von Leont'ev mit Priorität bedachte kollektive Bezug im Gegensatz zur traditionellen Sicht von Kommunikation als Prozeß zwischen individuellen Partnern in den Blick zu nehmen: „Schwierigkeiten beim Verständnis von Kommunikation als Tätigkeit ergeben sich also nur dann, wenn man als Kommunikationssubjekt nur das einzelne Individuum sieht und nur den Weg von der isolierten Persönlichkeit zur Kommunikation geht. Diese Schwierigkeiten werden hinfällig bei der Interpretation der Kommunikation eben als Tätigkeit, aber nicht als individuelle, sondern als soziale Tätigkeit, als kollektive Tätigkeit und nicht schlechthin als Gruppentätigkeit." (Leont'ev 1984, S. 213).

In diesem Kontext reflektiert Leont'ev wiederholt auch den Begriff der „kollektiven Arbeit". Das bedeutet, daß primär nicht kommuniziert wird, um zu kommunizieren, sondern daß überwiegend kommuniziert wird, um gemeinsam etwas zu tun. Kommunikation wird unter dem vorherrschenden Aspekt der *Kooperation* interpretiert. Das gemeinsame Tun, das Projekt, das Vorhaben muß ja durch Sprache initiiert, durch sie strukturiert und durch sie schließlich evaluiert werden. Wenn Sprache „geronnene" Handlung ist, dann muß durch eben diese „geronnene" Handlung – also mittels Sprache – neues, lebendiges, gemeinsames Handeln erzeugt werden können, das wiederum weiterem Spracherwerb und damit auch Fremdsprachenerwerb dient.

## 3. Motivierungstechniken

Vorab sei betont: Die folgenden Vorschläge, überwiegend dem EU entnommen, sind nicht als großangelegte Rezeptesammlung für den Unterrichtsalltag zu verstehen. Zwar wird es manche Kolleginnen und Kollegen reizen, den einen und anderen Vorschlag sogleich am nächsten Tag im Unterricht zu erproben. Das ist durchaus auch zu begrüßen. Jedoch sollen dabei oder danach weiterführende *eigene* Überlegungen in Gang gesetzt werden. Die hier unterbreiteten Vorschläge haben primär Anregungs- und Impulsfunktion und sollen damit das Transferdenken „anstacheln". Noch einmal sei deshalb in diesem Kontext der eingangs erwähnte Gedanke der *Ideenbörse* angesprochen: Erproben, variieren, erweitern und multiplizieren, das wären die wichtigsten Schritte dazu. Das geht am besten im Gespräch mit den anderen Fachkolleginnen und -kollegen.

### 3.1 Motivation und Motivierung durch veränderten Umgang mit Texten

Bei dieser Motivierungstechnik steht die *Arbeit mit Texten* im Vordergrund. Es kommen einem dabei zunächst die herkömmlichen Lehrbuchtexte in den Sinn. Diese haben eine allen Schülern hinlänglich bekannte Funktion im Unterrichtsprozeß:

– Sie stehen in der Regel am Ende einer Lerneinheit.
– Sie sind im Hinblick auf den Wortschatz meist weitgehend vorentlastet.
– Man soll sie durch Hören und/oder Lesen verstehen.
– Man soll das Textverständnis unter Beweis stellen, indem man Fragen dazu beantwortet, Multiple-Choice-Aufgaben richtig markiert oder auf Richtig-Falsch-Fragen richtig reagiert.
– Man soll außerdem Pointen erfassen, sich über den Text amüsieren, ihn reflektieren und über ihn diskutieren.
– Insgesamt soll man den Text *konsumieren.*

Damit hat der Lehrbuchtext eine überwiegend statische Funktion. Er wird den Schülern vorgegeben und vorgesetzt. Er verändert sich nicht. Er bleibt, was er war: fertiges Sprachwerk.

Mehr als früher besinnt man sich nun auf *offene* Textformen. Diese sind so konzipiert, daß die Schüler alleine oder gemeinsam fehlende Textteile ergänzen, also in die Textproduktion mit einbezogen sind. Wir kennen dieses Konzept von den open-ended stories her, möglich wären aber auch Texte mit unbekanntem Anfang oder einem fehlenden Teil in der Mitte. Und schließlich kennen wir den Ansatz der offenen Texte vom Angebot der Bildgeschichten her. Es gibt Bildgeschichten mit und ohne sprachliche Hilfen. Es gibt Bildgeschichten, bei denen das letzte Bild offen bleibt. Und es gibt Bildgeschichten, bei denen irgendwo in der Mitte der Bildfolge ein Bild ausgespart bleibt, so daß der Schüler auch hier kreativ mit eingreifen muß. Anschauliche Beispiele dafür liefern J. Morgan und M. Rinvolucri in ihrem Buch „Geschichten im Englischunterricht" (1985).

Mit dem folgenden Beispiel eines Puzzletextes soll nun gezeigt werden, wie die Schüler den Text überhaupt erst erstellen sollen. Sie erhalten Textteile oder einzelne Sätze, die in die richtige Reihenfolge zu bringen sind, so daß der Text unter Beteiligung möglichst vieler Schüler nach und nach entsteht. Man kann die Textteile mit dicken Filzschreibern auf große Kartonstreifen schreiben und dann an die Schüler verteilen. Wenn sie sich in der richtigen Reihenfolge mit ihren Streifen aufstellen, präsentieren sie damit den fortlaufenden Text. Ebenso können sie die Streifen auch mit Klebestreifen an der Tafel befestigen oder an die Korktafel heften. Ich selbst pflege die Texte auf Folie zu schreiben. Danach zerschneide ich die Folie in entsprechende Streifen und verteile diese in der Klasse (vgl. Beispiel 1 aus einer Klasse 8 der Hauptschule. Einige schwierige Vokabeln waren vorab semantisiert worden). Die Schüler erstellen den Text dann auf dem Overheadprojektor.

*Beispiel 1*

Then he climbed onto the roof and tied the rope round his waist to prevent himself from slipping off.

The house had no chimney.

The man came crashing to the ground breaking an arm, a leg and four ribs.

Roofride

So the man tied a rope to the back of his car and threw the other end over the roof.

He had just started working when his wife left the house and got into the car to go shopping.

She drove off, unwittingly dragging her husband behind her.

In a small Swedish town a man wanted to clear snow from the roof of his house.

Diese Puzzle-Technik läßt sich sehr leicht auch auf andere Textarten übertragen.

Hier ein Beispiel aus dem Bereich der *proverbs* (Kl. 8, Realschule).

*Beispiel 2*

MUST BE ENDURED. AS ITS WEAKEST LINK.

CAN SINK A GREAT SHIP.

CRY AND YOU CRY ALONE. WHERE THERE'S A WILL

THE BIGGER THEY ARE

A CHAIN IS AS STRONG

LAUGH AND THE WORLD LAUGHS WITH YOU,

MAN CANNOT LIVE

NOW LIE IN IT.

DON'T BITE. A SMALL LEAK THE PROOF OF THE PUDDING

THE HARDER THEY FALL. IS A PROBLEM HALVED.

TWICE SHY. ONCE BITTEN,

YOU SCRATCH MY BACK BIRDS OF A FEATHER BY BREAD ALONE.

WHAT CAN'T BE CURED AND I'LL SCRATCH YOURS.

FLOCK TOGETHER:

IS IN THE EATING.

YOU'VE MADE YOUR BED, THERE'S A WAY. A PROBLEM SHARED

BARKING DOGS

33

Diese Technik läßt sich ebenso auf die bildlichen Redensarten anwenden. Das soll hier anhand von französischen Beispielen gezeigt werden.

*Beispiel 3*

... par les fenêtres.
Avoir ...
Prendre quelqu'un...
... par le bout du nez.
Jeter toute son autorité...
... son beurre.
Avoir une dent...
Faire ... ... de quelque chose.
Acheter ...
Donner ...
Mettre ...
... contre quelqu'un.
Danser ...
Jeter l'argent ...
Se laisser mener ...
... sous son aile.
Faire une montagne ...
... sur un volcan.
Tuer ...
... le cerveau fêlé.
... dans la balance.
... chat en poche.
... le temps.
... une bonne leçon à quelqu'un.
... les choses au point.

Lösungen:

Prendre quelqu'un sous son aile.

Jeter l'argent par les fenêtres.

Faire son beurre.

Mettre les choses au point.

Avoir le cerveau fêlé.

Tuer le temps.

Donner une bonne leçon à quelqu'un.

Danser sur un volcan.

Avoir une dent contre quelqu'un.

Faire une montagne de quelque chose.

Acheter chat en poche.

Se laisser mener par le bout du nez.

Jeter toute son autorité dans la balance.

Man kann die „zerschnittenen" Sprichwörter mischen und die Karton-, Papier- oder Folienstreifen richtig zusammenfügen lassen. Dabei finden sich dann jeweils zwei Partner zu einem Sprichwort (zu *ihrem* Sprichwort) zusammen.

Hier läßt sich zusätzlich noch variieren, indem man von falsch zusammengesetzten Sprichwörtern ausgeht.

*Beispiel 4*
LITTLE DOGS/FLOCK TOGETHER

Daraus sind die beiden richtigen Sprichwörter zu bilden, nämlich:
LITTLE DOGS BARK THE LOUDEST
BIRDS OF A FEATHER FLOCK TOGETHER

Zu den Möglichkeiten des Umgangs mit offenen Texten gehört auch das Cloze-Verfahren.

*Beispiel 5*
Das Cloze-Verfahren ist eine interessante Methode zur Überprüfung … Grammatikkenntnissen und Wortschatz. Ursprünglich ist es ein Lesetest. … einem narrativen Text wird jedes n-te Wort, z.B. … neunte oder achte Wort herausgelassen und muß vom … eingesetzt werden. Der Text ist also zu schließen. … Begriff „Cloze" ist ein Kunstwort und kommt von … Wort „closure".
// von, Aus, jedes, Schüler, Der, dem //

*Beispiel 6*
Mit einem auf Folie gezogenen Text läßt sich dieses Verfahren wesentlich erweitern und zugleich verfeinern. Ein oder mehrere Papierstreifen „überdecken" bestimmte Textteile und fordern den Schüler zur Ergänzung des Textes auf, wobei eine Diskrepanzmotivation aktiviert wird. Von Bedeutung sind die Breite des Streifens und die Verortung, die so manipuliert werden kann (etwa mit dicken Wollfäden oder Pfeifenreinigern), daß ganz bestimmte grammatische oder lexikalische Fragen bewußt gemacht werden können.

Die Technik mit den Pfeifenreinigern (auch Blumendraht geht gut) demonstriert das folgende Beispiel. Freilich habe ich von einem gezielten Abdecken bestimmter grammatischer Phänomene abgesehen, so daß sich hier ein eher zufälliges Ergebnis zeigt. Es veranlaßt die Schüler hauptsächlich zur Erschließung des Wortschatzes.

*Beispiel 7*

**Unlucky break for freedom**

Two prisoners who dashed from Swansea magistrate court handcuffed together were recaptured after th~~~~er side o~~~~a lamp post and broke their wrists. – The two men, in their early 20s, had raced 200 yards ~~down~~ side stre~~~~ pursued by police when the lamp post came be~~~~ them and freedo~~~~went one w~~y around the post and the other went the other way~~~~, sa~~~~ ~~~~sea polic~~ spokesman. – 'Our b~~~~ were ~~ hot pursuit, and officers were approaching from all dire~~c~~ions. The p~~~~ers wer~~ ~~~~viously confused about which way to go. They had escaped a~~~~ were be~~~~ ~~~~nsfe~~red from a prison vehicle to the cell blocks at the court". After treatment at Singleton Hos~~~~tal the prisoners were returned to the court where each appeared with a plaster cast on his wrist.

Des öfteren erstelle ich eigene Texte, die von uns und unserem Unterricht handeln. Dabei spare ich alle Adjektive (Adverbien) aus. Zu Beginn der Stunde bitte ich die Schüler, mir wahllos Adjektive zuzurufen. Diese trage ich in der Reihenfolge der Nennung in meinen Text ein. Erst danach lernen die Schüler den Text kennen. Ich lese ihn vor oder besser noch, ich habe ihn auf Folie geschrieben, lege ihn auf den Overheadprojektor und lasse die Schüler mitlesen. Das folgende Beispiel ist ein Zufallsprodukt aus einer 9. Klasse der Realschule.

*Beispiel 8*

### Another English Lesson

We are in our _____ classroom and another _____ English lesson has started. Our _____ teacher has opened his _____ textbook already. He is going to read that _____ story on page 57 out to us. Then he wants us to reread it in our _____ textbooks. Reading out loud is _____ . The _____ girls usually do better in reading than the _____ boys. Every _____ lesson starts with a (an) _____ vocabulary test. It's _____ , but our _____ teacher insists on it. He says that we need to learn_____ _____ words so that we can have _____ conversations.

– – – – – – –

dirty, lousy, stupid, silly, unbelievable, terrible, interesting, smart, catchy, horrible, fabulous, nasty, sleepy, bloody, never-ending

Durch das Einsetzen von Adjektiven läßt sich auf motivierende Weise ein Bewußtsein für Stil und Register schaffen. Ein Text, etwa ein abgedruckter Zeitungsartikel, kann durch nachträgliches Einsetzen von Adjektiven bewußt in eine positive oder negative Grundrichtung verändert werden.

Ebenfalls um das Einsetzen von Adjektiven geht es in dem folgenden Text.

*Beispiel 9*

## 2 A story from Ireland

a) *Put in the right forms of the adjectives.*

1. Long long ago, in Ireland, there was a giant. His name was O'Connor. "I'm the … and the … man in Ireland," he shouted.
2. He could climb the … mountains and he could carry the … stones.
3. He needed … shoes than everyone else.
4. "And I can tell the … stories in Ireland," he said.
5. One afternoon, the people in the village rushed to O'Connor's house and shouted, "O'Connor! There's a giant from Scotland in the village. He says he is … and … than you.
6. He can climb … mountains than you.
7. He can carry … stones than you can.
8. He looks … than you.
9. And he says that he can tell … stories than you."
   O'Connor began to be afraid of the giant from Scotland.

b) *Read what O'Connor and his wife did.*

"What can I do?" O'Connor asked his wife. She had a good idea. "Quick, jump into the baby's bed," she said. O'Connor's wife put the baby's bonnet on his head. Just then the Scottish giant rushed in. "Where's that little Irishman?" he shouted. "He's not in," answered O'Connor's wife, "but come and have a look at his baby." The Scottish giant looked at the 'baby'. "Let me out, let me out!" he cried. "I don't want to be here when this baby's father comes home." He rushed out of the house and ran away as fast as he could. The people in the village often laughed about 'O'Connor the Baby'.

Motivierend sind und bleiben natürlich alle Arten von jokes, rhymes, riddles und limericks. Zwar können diese Textarten nicht alle als offene Texte angesehen werden, aber man kann sie sammeln und die Sammlung ständig ergänzen, so daß man ein wachsendes Repertoire von ‚fun texts‘ zur Verfügung hat. Ein Beispiel dafür wären die *knock knock stories:*

*Beispiel 10*

## Knock Knock Stories

Knock, knock!
Who's there?
Amos!
Amos who?
*A mos*quito!

Knock, knock!
Who's there?
Anna!
Anna who?
*Ano*ther mosquito!

Knock, knock!
Who's there?
Watson!
Watson who?
*What's on* TV?

Knock, knock!
Who's there?
Arthur!
Arthur who?
*Are there* any
biscuits in the
cupboard?

Knock, knock!
Who's there?
Hugo!
Hugo who?
*You go* this way
and I'll go that way!

Knock, knock!
Who's there?
Isabel!
Isabel who?
*Is a bell* really
necessary on a bike?

Knock, knock!
Who's there?
Scot!
Scot who?
*'s got* nothing
to do with you!

Auch für Sammlungen einfacher Witze sollte man immer wieder sorgen. In den 8., 9. und 10. Klassen lassen sich gerne auch Schüler mit dieser Aufgabe betrauen.

*Beispiel 11*

Man: Doctor, I'm worried because I always talk to myself.
Doctor: There's nothing to worry about.
Man: But my stories are so boring!

Son: Dad, which is faster, a bird or a dog?
Father: Well, if they walk, it's the dog, and if they fly, it's a bird.

A little girl was lost in a supermarket.
So she asked the manager: "Have you seen a lady without me?"

Girl: When I have a husband, he must know the most interesting stories, he must sing, dance and stay at home every evening.
Second girl: You don't need a husband. You need a TV!

The doctor turned from the telephone and spoke to his wife: "I must hurry to Mrs Robinson's son. He doesn't feel well." "What's the matter with the child?" "I don't know what's the matter with the boy, but Mrs Robinson has bought the book BEFORE THE DOCTOR COMES. So I must hurry."

Manager to the new boy in the office: "What's Mr Morton's telephone number?" – Boy: "I don't know, but I can phone and ask him."

As a mother left the house she told her 6-year-old daughter: "If anyone telephones while I am out you must say: Please, give me your name and number. – And remember to speak politely and in a pleasant voice."
Later the telephone rang, and the little girl replied: "Please, give me your name and number and remember to speak politely and in a pleasant voice."

What animal can jump higher than the Empire State Building? Any animal! The Empire State Building can't jump!

Unser Hauptaugenmerk sollte aber nach wie vor auf solchen ‚fun texts' liegen, die sich verändern lassen, die der Schüler also mitgestalten, umgestalten oder weiterführen kann. Dazu abschließend noch zwei Konkretisierungen aus dem 6. Schuljahr:

*Beispiel 12*

1. There was a man.
   His name was Dan.
   He stole a pan.
   And away he ran.

2. There was a boy.
   His name was Roy.
   He stole a toy.
   And said ‚a-hoy'!

3. There was a cat.
   Her name was ..
   She ...............
   ....................

*Beispiel 13*

**Going to go – stories (Just follow the alphabet!)**

A. I'm going to go to *A*frica.
   What are you going to do there?
   I'm going to *a*rrest my *a*unt.

B. I'm going to go to *B*irmingham.
   What are you going to do there?
   I'm going to *b*uy a *b*udgie.

C. I'm going to go to *C*alifornia.
   What are you going to do there?
   I'm going to *c*atch a *c*ow.

D. *D*enmark   *d*ance – in the *d*isco

E. *E*ssex – *e*at – *e*ggs.

### 3.2 Motivation und Motivierung durch verändertes Sehen und Hören

Angesichts unserer reizüberfluteten, medienreichen Umwelt stellt sich die Frage nach dem Umgang mit Bildelementen unter veränderten Vorzeichen. Die neuen Lehrbücher sind durchgehend vierfarbig und vom Layout her ebenso reich wie raffiniert aufgemacht. Wandbilder, Bildfolien und Dias steuern weitere zugeordnete Bildstimuli für das Übungsgeschehen bei. Es gibt Einzel-, Komplex- und Phasendarstellungen. Es gibt Fotos und Zeichnungen, und dazu unterschiedliche Formen der Verschränkung beider Arten. Sodann kennen wir Cartoons, Comic-Zeichnungen, Collagen, Vignetten und Piktogramme. Allen ist gemeinsam, daß sie den Schülern in fertiger Form präsentiert werden. Sie sollen sie konsumieren und verarbeiten.

Hier soll nun gezeigt werden, wie solche Bilder zum Übungsgeschehen herangezogen werden können, an deren Gestaltung die Schüler beteiligt sind, die sie z.T. mit produziert haben. Dieses schafft eine weitaus größere Motivation, auch wenn die Bildqualität nicht immer optimal ist.

In unserem ersten Beispiel machen wir uns die Erfahrung zunutze, daß die Kopiergeräte flüssiges Tipp-Ex nicht „erfassen", d.h. eine auf einer Kopiervorlage mit Tipp-Ex überdeckte Stelle erscheint auf den Kopien als weißer Fleck. Das eröffnet uns eine neue Möglichkeit, Bilder nach beliebig vielen didaktischen Gesichtspunkten umzustrukturieren. Das gelingt mit dem folgenden sehr einfachen Verfahren:

Aus irgendeiner mir verfügbaren Quelle wähle ich ein für die Stunde oder die Unterrichtseinheit geeignetes Bild aus. Davon ziehe ich zwei Kopien, wobei ich evtl. verkleinere, so daß die kopierten Bilder beide auf ein DIN-A4-Blatt geklebt werden können. Das erste Bild belasse ich orginalgetreu. Bild Nr. 2 dagegen verändere ich, indem ich mit Tipp-Ex-Überdeckung bestimmte Datails „verschwinden" lasse.

*Beispiel 14*

Nach dieser Bearbeitung kopiere ich nun das Blatt mit den beiden aufgeklebten Bildern erneut als ‚handout' für die Schüler oder als Folie für den Overheadprojektor. Durch den Vergleich der beiden nun nicht mehr identischen Bilder ergeben sich jetzt, je nach didaktischer Intention, die Übungsmöglichkeiten. Im gezeigten Beispiel könnte bild- und fragengesteuert folgendes im Lexik- und Strukturbereich geübt werden.

40

- What is missing in picture two?
- What is in picture one but not in picture two?
- What has disappeared in picture two?
- What has been stolen/taken away in picture two?

Bei der letzten Version meldete sich die Schülerin einer neunten Hauptschulklasse mit der Frage: What is „Heiratsschwindler" in English? Sie hatte ganz offensichtlich einen situativen Kontext gefunden.
Übrigens wurden die Schüler dann in Gruppenarbeit mit anderen Bildern konfrontiert, die sie nach dem gleichen Verfahren umstrukturierten, um den jeweils anderen Gruppen Lernhilfen und Sprechanlässe bereitzustellen.

In diesem Zusammenhang der Erweiterung der Arbeitsmöglichkeiten mit Bildern stehen auch die Drudel. Diese lassen sich auf allen Lern- und Altersstufen verwenden, so z.B. im Anfangsunterricht, wenn man das *present progressive* festigen will.

*Beispiel 15*

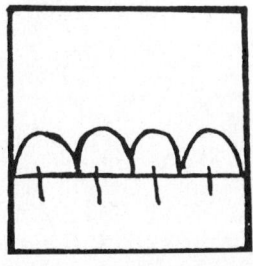

What are these?
These are rats!
What are they doing?
They are running a race!

What are those?
Those are four elephants!
What are they doing?
They are trying to reach an apple!
(They are playing billards/snooker!)

What is this?
It's a boy!
What is he doing?
He is blowing up a ballon!
(He is blowing bubbles with bubblegum!)

41

Motivieren können diese ebenso auch im weiterführenden Unterricht, wenn komplexere Strukturen oder längere zusammenhängende Äußerungen geübt werden sollen.

*Beispiel 16*

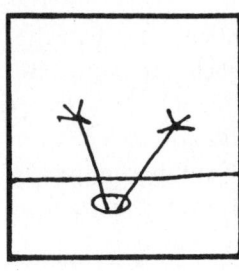

C'est un oiseau en train d'attraper un gros ver de terre.

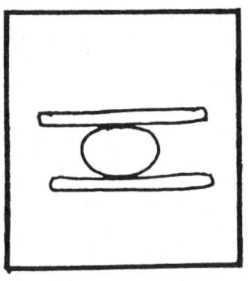

C'est un sandwich à la tomate – préparé par un débutant.

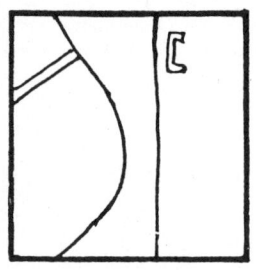

C'est une mère de famille qui vient de faire les courses. Elle a les mains pleines et elle pousse la porte du réfrigérateur avec son derrière.

In der Zeitschrift ,Englisch' hat B. Neuenberg (1982) zahlreiche weitere Beispiele gesammelt und Arbeitsmöglichkeiten dazu aufgezeigt.

Auch D. und M. v. Ziegesar (1981) weisen auf entsprechende Einsatzmöglichkeiten hin.

Schließlich wären noch die Verwendungsmöglichkeiten der Cartoons zu nennen. Man findet sie in den Lehrbüchern für den Anfangsunterricht ebenso wie in den Materialien für die 9. und 10. Klassen aller Schularten. Es bedarf hier im Hinblick auf die Cartoons keiner Exemplifizierung.

Statt dessen soll auf ein sehr umfassendes, gründliches und praxisorientiertes Material hingewiesen werden, das Werlich (1984) vorgelegt hat (vgl. auch Schwerdtfeger u. a. 1983). Wer sich mit dem Phänomen des Lernens durch Bilder noch grundlegender und gezielter auseinandersetzen will, der findet hilfreiche und weiterführende Anregungen in einer Schrift des Deutschen Instituts für Fernstudien an der Universität Tübingen und einer neueren Publikation des Instituts für Film und Bild in München (vgl. Issing/Hannemann 1983). Ich komme immer wieder auf den Overheadprojektor zurück. Zusammen mit dem Kollegen Isle habe ich 1978 ein Verfahren vorgestellt, mit dem man schwarz-weiße oder farbige Abbildungen in Zeitungen, Zeitschriften und Magazinen zu Folien umgestalten kann (vgl. Isle/Reisener 1978). Ich bin inzwischen oft gebeten worden, dieses Verfahren noch einmal darzustellen. Das soll hier zusammenfassend und gekürzt geschehen.

*Beispiel 17*

1. Man benötigt alte Zeitschriften und Magazine. Nicht alle sind gleich gut geeignet. Die brauchbaren findet man dadurch heraus, daß man mit einem feuchtem Finger über eine nicht bedruckte Stelle reibt. Entsteht dabei eine milchige Flüssigkeit, so ist das Material geeignet, denn in der Regel wird das Zeitschriftenpapier erst mit einer bestimmten Kreidelösung eingeschlämmt, bevor man es bedruckt. Die ausgewählte Stelle (in unserem Falle ein Bild) wird ausgeschnitten.

2. Das ausgeschnittene Bild wird nun auf einen Tisch mit ganz glatter Oberfläche gelegt (Bildseite nach oben). Ein etwas größer zugeschnittenes Stück Klebefolie (im Papierwarenhandel als Schutzfolie für Bücher erhältlich) wird vorsichtig auf das Bild geklebt, und zwar von der Mitte des Bildes beginnend nach außen hin, um Luftblasen zu vermeiden. Der überstehende Rand der Folie klebt direkt auf der Tischoberfläche.

3. Mit einem glatten Gegenstand, etwa einem Löffel oder einem Falzbein, wird nun auf der Folie stark gerieben, so daß Klebefolie und Farbe des Bildes gleichsam verschmelzen. Auf alle Fälle sind Kratzer zu vermeiden (evtl. eine alte Folie zum Schutz darüberlegen).

4. Die Folie wird mitsamt dem Bild von der Tischfläche abgezogen. Danach wird der Rand abgeschnitten.

5. Das Bild mit Folie wird für etwa 30 Minuten in lauwarmes Wasser gelegt.

6. Danach kann man das völlig aufgeweichte Zeitungspapier wie bei einem Rubbelbild mit den Fingern abrubbeln. Dabei muß man das Bild ab und zu gegen das Licht halten, um zu überprüfen, wie weit eine Transparenz erreicht ist. Bei dieser Arbeit bedarf es im wahrsten Wortsinn eines guten Fingerspitzengefühls: Rubbelt man zu wenig, so bleibt das Bild dunkel. Rubbelt man viel und zu stark, so geht Farbe verloren.

7. Zum Trocknen wird das Transparent hingelegt oder aufgehängt. (Vorsicht – die Rückseite ist klebrig!)

8. Die trockene Folie wird jetzt auf der klebrigen Rückseite behandelt. Sie wird durch Fixierspray, wie man es im

Kunstunterricht zum Fixieren von Kohlezeichnungen verwendet (im Handel erhältlich), mit einem durchsichtigen Film abgedeckt.

9. Die Folie muß danach erneut trocknen. Unter Umständen ist noch eine zweite Behandlung mit Fixierspray erforderlich.

10. In einem Passepartout aus weißem Papier, das man beschriften und lochen kann, ist die Folie zum Arbeiten und Einordnen am besten verfügbar.

Bei der Vorstellung dieses Abhebeverfahrens sind wir bewußt nicht auf die Inhalte der Folie eingegangen. Es liegt aber auf der Hand, daß die Transparente im Rahmen des Fremdsprachenunterrichts ihren didaktischen Ort am ehesten dort haben werden, wo sie landeskundlich relevante Information – in der Mehrheit Fotos – vermitteln.

Natürlich sollte man sich, nicht nur aus rechtlichen Gründen, sondern auch weil es der gute Ton erfordert, an den Urheber des kopierten Materials wenden (aus dem Impressum zu entnehmen) und ihn um die Erlaubnis für das Kopieren nach diesem Do-it-yourself-Verfahren bitten.

Auch Biologie-, Deutsch-, Geographie- und Physiklehrer dürften den Hinweis auf dieses Abhebeverfahren dankbar annehmen. Und wann hat der Fremdsprachenlehrer schon die Gelegenheit, seinen Kollegen aus den anderen Fächern unterrichtspraktische Tips zu geben?

Mit den weiteren Beispielen soll gezeigt werden, wie man den Overheadprojektor in motivierender Weise dadurch nutzt, daß man über die kommerziellen oder selbstgefertigten Folien hinaus *andere* Gegenstände auflegt. Zunächst eine Möglichkeit der besonders motivierenden Wiederholung und Festigung von Vokabeln. Sie wird von allen Jahrgangsstufen dankbar angenommen.

In einem Spielwarenladen habe ich mir einen Satz bunter Plastik-Buchstaben gekauft. Sie haben im Innern ein Magnetstückchen, so daß Kinder im Vorschulalter sie an Kühlschranktüren oder andere Metallflächen heften können. Uns dienen sie im Unterricht zum Auflegen auf den Overheadprojektor. Aus einer Gruppe vorgegebener Buchstaben sollen die Schüler so viele Wörter wie möglich aufschreiben. Bei der ersten Gruppe wurde angesagt, daß man die vorgegebenen Buchstaben mehrfach benutzen dürfe.

*Beispiel 18*

Es ergaben sich u. a. Wörter wie diese:

HEART, TREAT, TEAR,
GREAT, GREET, HEAR,
HERE, REAR, RARE, HEAT,
GAGE, THE, THAT, THERE, EAR,
EGG, TARGET, ART, EAGER,
TART, HATE, RATE, ATE,
EAT, GATE, RAT, TAR,
HE, HER, GET, TAG,
RAGE, GAT, RAG, …, ?

*Beispiel 19*
Bei der nächsten Gruppe von Buchstaben ist der Schwierigkeitsgrad der Aufgabe erhöht. Gesetz den Fall, daß auch hier die einzelnen Buchstaben mehrfach benutzt werden dürfen, wie viele Wörter wären möglich? (Namen sind erlaubt! Pluralformen zählen extra!)
FRED, FREE, NEED, …?
Finden Sie selbst französische Wörter.

*Beispiel 20*
Bei dieser Buchstabengruppe sind wieder recht zahlreiche Wörter möglich.

*Beispiel 21*
Wie viele Wörter lassen sich bilden, wenn man die Buchstaben des Wortes

AMERICA

einmal oder mehrfach benutzt?

Es bereitet großen Spaß, aus Werbeprospekten, Katalogen und alten Illustrierten Gegenstände oder Tiere auszuschneiden und diese als Schattenbilder über den Overheadprojektor zu präsentieren. Die Arbeit wird dadurch erleichtert, daß man möglichst kompakte Figuren wählt. Dadurch kann man das Ausschneiden auch eher an die Schüler delegieren. Die folgenden Beispiele zeigen Tiere. Beim Ausschneiden ergeben sich automatisch durch die Leerstelle zwei Figuren, die eine hell und die andere dunkel erscheinend. Dies kann wiederum genutzt werden, um zwischen zwei Figuren lustige Dialoge zu gestalten. Auf Folienstückchen erarbeiten die Schüler (im Anfangsunterricht) dazu entsprechende Sprechblasen:

*Beispiel 22*

## Asking the way in London

*Beispiel 23*

## Des questions en français

*Beispiel 24*

Die Tatsache, daß man mit dem Overheadprojektor Schattenbilder produzieren und projizieren kann, ist auch der Ausgangspunkt für das nun folgende Beispiel. Es nutzt die Möglichkeiten des alten chinesischen Tangram-Spiels. Mit entsprechend zugeschnittenen Papier- oder Pappstücken lassen sich auf dem Overheadprojektor unzählige Figuren legen und benennen. Die Äußerungen *this is a rabbit* oder *c'est un lapin* haben im herkömmlichen Unterrichtsprozeß einen durch und durch a-kommunikativen Charakter. Dennoch benötigen wir solche deiktischen Strukturen zur Benennung und Semantisierung von neuen Vokabeln. In Verbindung mit einer spielerischen Tätigkeit, wie hier gezeigt, wird der a-kommunikative Charakter solcher Äußerungen aufgehoben.

*Beispiel 25*

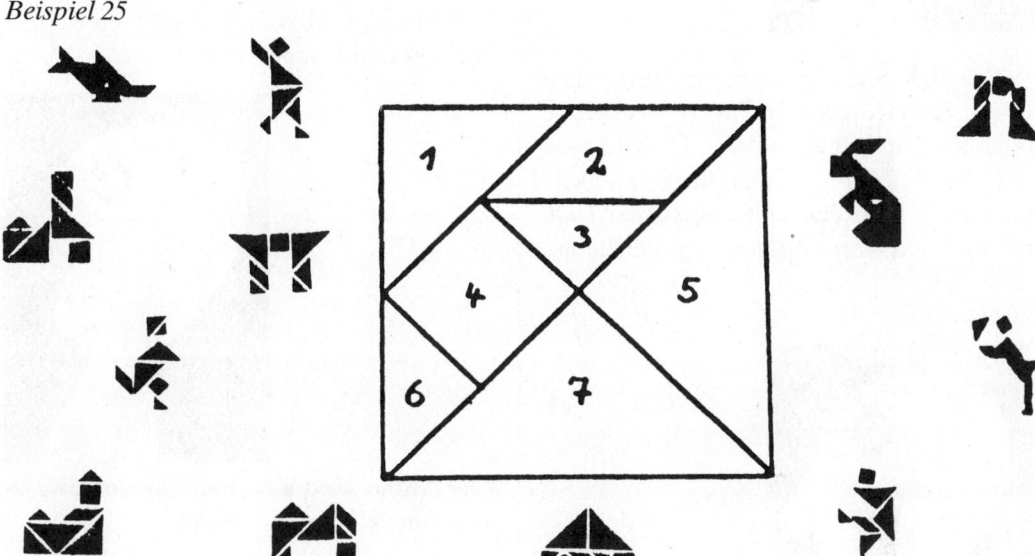

Schon bei dem Beispiel mit dem Tangram-Puzzle wird deutlich, daß man besonders die Technik des *Bildaufbaus* nutzen kann. Dies wiederum eröffnet die Chance, die Schüler stärker an der Arbeit mit dem Overheadprojektor zu beteiligen und kreativ mitwirken zu lassen, was ohnehin in jeder Hinsicht zu mehr Motivation führt.

*Beispiel 26*

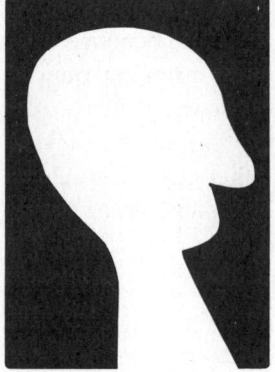

Wir haben hier (in 4-facher Verkleine-
rung) einen Kopf aus einem DIN-A4-Blatt
oder Karton ausgeschnitten. Er wird nun
mit ganz einfachen Mitteln nach und nach
ausgestaltet, so daß er Redepartner (mit
zusätzlichen *speech bubbles*) werden kann.

*Beispiel 27*

Zunächst kommt ein Auge. (Ein Ring wird
aufgelegt.)

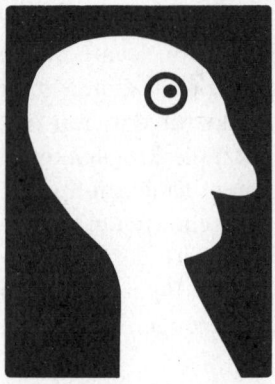

Das Auge wird weiter ausgestaltet. (Ein
Reißbrettstift ist geeignet.)

Der Mund wird aus einer zurechtgeboge-
nen Büroklammer gebildet.

Auch das Ohr kann mit einer Büroklammer realisiert werden.

Der Phantasie sind keine Grenzen gesetzt: Augenbrauen, eine Brille, Ohrringe, Haare können hinzugefügt werden. Pfeifenreiniger, Blumendraht, Wollfäden und andere Materialien können hier gute Dienste leisten. Es ist in diesem Zusammenhang immer wieder erstaunlich, wie kreativ Schüler, nicht nur im Anfangsunterricht, sein können.

Wenn wir neben Folien, Papier- oder Pappfiguren oder -stücken auch reale Gegenstände auf dem Overheadprojektor auflegen können, um markante und einprägsame Schattenbilder zu erzeugen, so können wir schließlich dazu übergehen, ein regelrechtes Arsenal von Gegenständen zusammenzutragen, die sich auf diese Weise unterrichtlich nutzen lassen. Beim Sammeln und Zusammentragen kommt übrigens wieder den Schülern eine wichtige Rolle zu. Im wesentlichen sind zwei Bedingungen zu erfüllen:

1. Die Gegenstände müssen klein sein.
2. Sie müssen möglichst flach sein, damit sie scharfe Schatten werfen.

Die Auswahl und das Zusammentragen der Gegenstände erfolgt natürlich nach thematischen und inhaltlichen Gesichtspunkten. Die folgende Auswahl setzt freilich keinen speziellen inhaltlichen Schwerpunkt, sondern sie zeigt ein mehr oder weniger zufälliges, stillebenhaftes Ensemble von Gegenständen aus meiner eigenen Demonstrationssammlung. Gegenstände in realer Größe sind der Klavierschlüssel, die Sicherheitsnadel, die Uhrkette, die Parfümflasche, die Sprungfeder und die Feder, der Kleinhammer und die Pommes-Frites-Gabel. Taschenmesser, Flugzeug und Wäscheklammer sind Verkleinerungen bzw. Spielzeuge. Alle Gegenstände sind aber geeignet, die Vorstellung von einem Realgegenstand in Originalabbildung zu erzeugen: Die Parfümflasche wird zur richtigen Flasche, der Kleinhammer zum großen, die Uhrkette zur Kette.

Selbst bei dieser zufälligen Zusammenstellung ließen sich gezielte Aufgaben stellen: *Which of them are tools? Which of them are made of metal (glass, plastic)?* Auch das bekannte ‚Kim's Game' ließe sich leicht spielen. Die Projektion wird für kurze Zeit abgedeckt oder der Overheadprojektor ausgeschaltet: *Which of the things do you remember? How many things are there? What are they called? What are they for? etc.* Alle diese Fragen und Aufgaben können natürlich entsprechend für den Französischunterricht genützt werden.

*Beispiel 28*

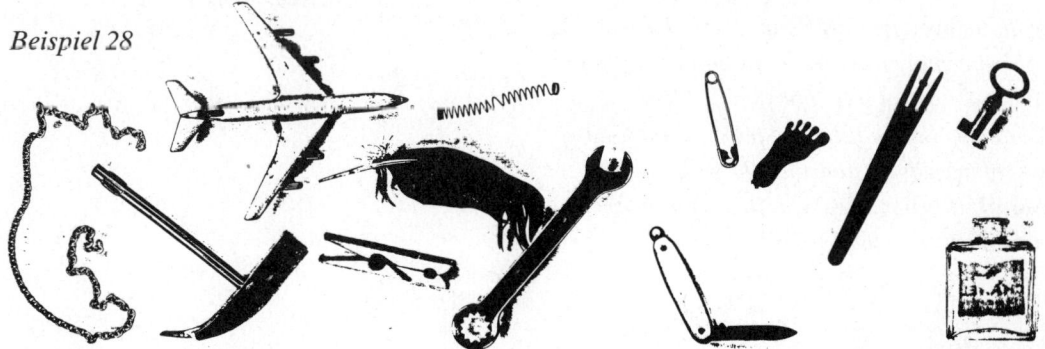

Der größte motivationale Erfolg ist sicherlich dann erreichbar, wenn man alle bisher gezeigten Möglichkeiten, also Folien, Schablonen und Realgegenstände miteinander verbindet. Auf diese Weise, d.h. mit Hilfe dieser besonderen Visualisierungstechnik, kann man sich sogar mit Hauptschulklassen an einfache literarische Formen heranwagen, denn diese Technik hilft zum einen bei der Semantisierung neuen Wortschatzes und zum anderen bei der Situations- und Kontexterhellung. Ich exemplifiziere mit der weithin bekannten Fabel von James Thurber ‚The Little Girl and the Wolf‘. Diese Fabel wurde auf folgende Weise in einem achten Schuljahr der Hauptschule, und zwar mit der unteren Lerngruppe (B-Kurs) erarbeitet. Zunächst einmal der Text im Original:

*Beispiel 29*

### The Little Girl and the Wolf

*One afternoon a big wolf waited in a dark forest for a little girl to come along carrying a basket of food to her grandmother. Finally a little girl did come along and she was carrying a basket of food. ‘Are you carrying that basket to your grandmother?’ asked the wolf. The little girl said yes, she was. So the wolf asked her where her grandmother lived and the little girl told him and he disappeared into the wood.*
*When the little girl opened the door of her grandmother’s house she saw that there was somebody in bed with a nightcap and nightgown on. She had approached no nearer than twenty-five feet from the bed when she saw that it was not her grandmother but the wolf, for even in a nightcap a wolf does not look any more like your grandmother than the Metro-Goldwyn lion looks like Calvin Coolidge. So the little girl took an automatic out of her basket and shot the wolf dead.*
*Moral: It is not so easy to fool little girls nowadays as it used to be.*

Zur Semantisierung und Kontexterschließung wurden für die Visualisierung vorbereitet:

*a big wolf*
Die Abbildung eines Hundes wurde ausgeschnitten.

*a dark forest*
Eine eigene Bleistiftskizze wurde ausgeschnitten.

*a little girl*
Die Silhouette eines Mädchens wurde ausgeschnitten.

*a basket of food*
Eine eigene Zeichnung wurde ausgeschnitten.

Weiterhin wurden bereitgestellt:

- Die Zeichnung von James Thurber (auf Folie übertragen). Bei dieser Gelegenheit ist auf Thurbers Bedeutung als früher amerikanischer Cartoonist hinzuweisen.
- Die Folien-Kopie eines Fotos von Calvin Coolidge.

- Ein Spielzeug-Revolver zwecks Auflage als Realgegenstand auf dem Overheadprojektor.

Die Fabel wird nun vorgelesen und zugleich wird auf dem Overheadprojektor in der folgenden Weise visualisiert. Die Numerierung kennzeichnet die Abfolge der Schritte beim Bildaufbau.

I. One afternoon a big wolf (1) waited in a dark forest (2) for a little girl (3) to come along carrying a basket of food to her grandmother. Finally a little girl did come along and she was carrying a basket of food (4).

II. 'Are you carrying that basket to your grandmother?' asked the wolf. The little girl said yes, she was. So the wolf asked her where her grandmother lived and the little girl told him and he disappeared into the wood.

Alle Bildelemente werden jetzt wieder abgeräumt.

Calvin Coolidge (1823–1929)

III. When the little girl opened the door of her grandmother's house she saw that there was somebody in bed with a nightcap and nightgown on (5). She had approached no nearer than twenty-five feet from the bed when she saw that it was not her grandmother but the wolf, for even in a nightcap a wolf does not look any more like your grandmother than the Metro-Goldwyn lion looks like Calvin Coolidge (6).

IV. So the little girl took an automatic (7) out of her basket and shot the wolf dead.
*Moral: It is not so easy to fool little girls nowadays as it used to be.*

Alle bisher gezeigten Darbietungs- und Übungsformen zeigen zugleich auch ihren Projektcharakter. In der Projektorientierung, im gemeinsamen Tun, liegen immer auch die günstigsten Anknüpfungspunkte für die Einbeziehung von Späßen und Spielen. Das mag auch an den folgenden Beispielen deutlich werden, mit denen nun auf das *Hören* und die Schulung des Hörverstehens eingegangen werden soll.

Im ersten Beispiel haben wir den Text eines den Schülern noch unbekannten Songs aufgeschrieben und danach zeilenweise in Streifen zerschnitten. Die Schüler „ziehen" nun jeder einen solchen Streifen. Nun wird der Song per Cassette vorgespielt. Die Schüler müssen jetzt gut zuhören, um ihre Zeile herauszuhören. Dabei helfen ihnen die Zeilenanfänge, die Zeilenenden, die Reim-Schemata und auch die Textaussagen der Zeilen selbst. Hat ein Schüler seine Zeile erkannt, so hält er sie hoch, heftet sie an die Tafel oder legt sie auf dem Overheadprojektor ab. In meinem Unterricht benutzen wir in der Regel den Overheadprojektor, d.h. die Schüler haben Folienstreifen und legen diese untereinander ab, so daß der Text während des Vorspielens und Mithörens für alle gleich gut sichtbar wird. Was hier unwahrscheinlich klingen mag, ist durch wiederholte Erfahrungen vielfach belegt, nämlich daß alles gleichzeitig und dabei völlig reibungslos geschieht. Die Schüler erhalten die Textzeile eines fremden Songs, diskriminieren aus dem nur akustisch präsentierten Gesamttext ihre geschriebene Zeile heraus und legen sie dann ab. Zur Verblüffung aller wird also bereits beim ersten Vorspielen und Anhören der Gesamttext schriftlich „erstellt". Hörverstehen in Verbindung mit dem Leseverstehen unter Nutzung der prosodischen Eigenheiten oder Eigenschaften des Songs werden dadurch optimal geschult. Nach dem ersten Anhören des Songs und gleichzeitigen Erstellen der Textvorlage hören wir uns den Song ein zweites Mal an und nutzen dabei die Vorteile des Mitleseverfahrens. Folgende Bedingungen sollten bei diesem Verfahren allerdings erfüllt sein:

– Der Song muß lang genug sein, damit möglichst viele Schüler mitmachen können.
– Der Text muß dem Verstehvermögen der Schüler in etwa angemessen sein.
– Das Lied darf nicht zu schnell gesungen und gespielt sein, damit Zeit für „Schrecksekunden" bleibt.
– Refrains, Instrumentalphasen und Wiederholungen bestimmter Textelemente erleichtern das Hörverstehen.
– Die Schüler sollen möglichst nicht von ihrem Platz aus agieren, da dann die Laufwege zu lang werden und Verwirrung entsteht. Wir versammeln uns zwanglos stehend um den Overheadprojektor, so daß jeder schnell seine Zeile ablegen kann.

Dazu noch weitere Hinweise:
Bei der Arbeit in kleineren Gruppen gibt es eventuell mehr Textzeilen als Schüler zur Verfügung stehen. Viele Schüler nehmen dann gern auch zwei Zeilen. Der Lehrer bleibt möglichst beim Overheadprojektor, um beim Ablegen zu helfen. Der Cassettenrekorder sollte ebenfalls in Reichweite des Lehrers sein, damit im Falle einer Panne schnell die Stop-Taste betätigt werden kann. Der folgende Song der Gruppe Steeleye Span wurde in einer neunten Hauptschulklasse eingesetzt.

## Hard Times of Old England

Come all brother tradesmen that travel along
o pray come and tell me where the trade is all gone
longtime have I travelled and I cannot find none.

       Chorus:  And sing o the hard times of old England
                In old England very hard times.

Provisions you buy at the shop it is true
but if you've no money there's none there for you
so what's a poor man and his family to do?

       Chorus: …

You must go to the shop and you'll ask for a job
they'll answer you there with a shake and a nod
well that's enough to make a man turn out and rob.

       Chorus: …

You will see the poor tradesmen a walking the street
from morning 'till night for employment to seek
and scarce have they got any shoes to their feet.

       Chorus: …

Our soldiers and sailors have just come from war
been fighting for Queen and country this year
come home to be starved better stayed where they were.

       Chorus: …

And now to conclude and to finish my song
let us hope that these hard times they will not last long
I hope soon to have occasion to alter my song.

       Chorus:  And sing o the good times of old England
                In old England jolly good times.

Das folgende Beispiel ist dem neuen Medium *Sing Grammar* (Böttcher 1982) entnommen. Es besteht aus einer Sammlung von Liedcassetten mit zugeordneten Beiheften, die die Texte, Arbeitsanweisungen und Kopiervorlagen enthalten. Einzelne Grammatikphänomene werden in eigens dafür geschriebenen Songs thematisiert, wobei der Text des Songs besonders viele Belegstellen enthält. In diesem

Beispiel geht es um den *as ... as*-Vergleich. Dabei soll deutlich werden, was im alltäglichen Sprachgebrauch sehr häufig vorkommt, nämlich der bildhafte und anschauliche Vergleich. Menschliche Eigenschaften werden mit Auffälligkeiten in der Tierwelt in Verbindung gebracht. Eine Reihe solcher Vergleichsidiome, die alle authentisch sind, stellt dieser Song zusammen. Der Refrain des Songs macht dann auf pfiffige Art das Konstruktionsprinzip dieser Struktur bewußt. Das Ganze wird per Cassette mit ansprechender Melodie und mitreißendem Rhythmus präsentiert. Mit Hilfe der Textvorlagen für alle Schüler und der Arbeitsanweisungen des Begleitheftes können im Unterricht nach dem Anhören (Mitlesetechnik) bestimmte Aufgaben dazu erledigt werden, die den Schülern großen Spaß machen. Erfreulicherweise sind die Arbeits- und Untersuchungsergebnisse zum Thema Spielen im Fremdsprachenunterricht so zahlreich geworden (vgl. Häuptle-Barcelo 1984, Kleppin 1984, Krings 1984).

*Beispiel 31*

## SOMETIMES

SOMETIMES I'M SLOW, SOMETIMES I'M SWIFT
SOMETIMES I'M HAPPY, SOMETIMES I'M GRUFF

    SHE'S AS SLOW AS A SNAIL
    SHE'S AS SWIFT AS A HARE
    SHE'S AS HAPPY AS A LARK
    SHE'S AS GRUFF AS A BEAR

    COMPARISONS WITH OTHER THINGS
    LIKE THESE ARE OFTEN SEEN
    WITH 'AS' IN FRONT AND 'AS' BEHIND
    THE ADJECTIVE BETWEEN

SOMETIMES I'M BLIND, SOMETIMES I'M CUNNING
SOMETIMES I'M WEAK, SOMETIMES I'M STRONG

    HE'S AS BLIND AS A BAT
    HE'S AS CUNNING AS A FOX
    HE'S AS WEAK AS A KITTEN
    HE'S AS STRONG AS AN OX

COMPARISONS WITH OTHER THINGS ...

SOMETIMES THEY'RE GREEDY, SOMETIMES THEY'RE SILLY
SOMETIMES THEY'RE PLAYFUL, SOMETIMES THEY'RE BUSY

    ARE WE AS GREEDY AS PIGS?
    ARE WE AS SILLY AS GEESE?
    ARE WE AS PLAYFUL AS KITTENS?
    ARE WE AS BUSY AS BEES?

COMPARISONS WITH OTHER THINGS ...

### 3.3 Motivation und Motivierung durch selbstgefertigte Lernhilfen

Projektorientiertes, gemeinsames Handeln haben vor allem dann einen großen motivationalen Wert, wenn es um die Erstellung von Lern- und Übungshilfen geht. Im Sinne des Ansatzes der sowjetischen Psycholinguistik (vgl. Kap. 2.12) bedarf das gemeinschaftliche Tun der Sprache und fördert diese wiederum. Das folgende Beispiel zeigt ein gemeinsames Arbeitsprodukt, wobei sogleich erkennbar wird, wie der Entstehungsprozeß vonstatten ging.

Wir verteilen große Stücke aus weißem Karton, dazu dicke Filzschreiber, Bindfäden, Scheren und Klebestreifen. In Kleingruppen werden nun nach schriftlichen Anweisungen an der Tafel Mobiles hergestellt, die dann für eine bestimmte Zeit alle an der Decke des Klassenzimmers hängen. Im ersten Beispiel geht es um die unterschiedlichen Steigerungsformen:

*Beispiel 32*

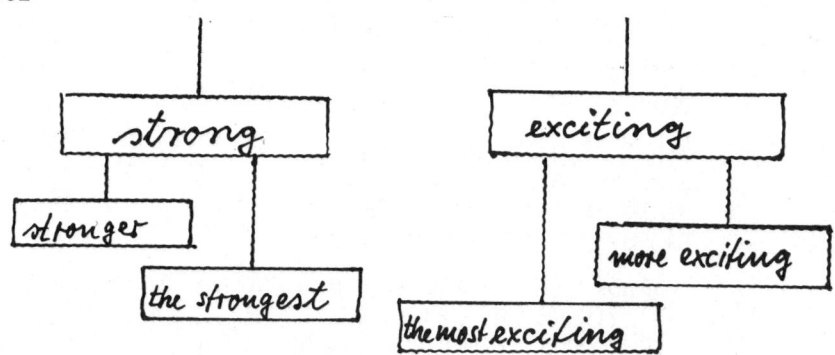

Als Herstellungsart erwies sich nach anfänglichem Experimentieren die folgende als die dauerhafteste und beste:
1. Es werden Kartonstücke (hinreichend starker weißer Karton) ausgegeben.

Maße: je nach Länge der Wörter etwa 30 bis 50 cm. Die Breite ist einheitlich 20 cm.
2. Die Stücke werden nun der Länge nach in der Mitte gefaltet:

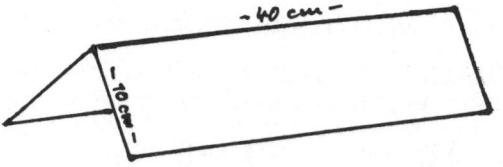

3. Es erfolgt nun die Beschriftung der Karten, und zwar beidseitig. Man kann hier noch die Möglichkeiten der unterschiedlichen Farbgebung nutzen, z.B. die unregelmäßig, die romanisch und germanisch gesteigerten Adjektive je-

weils in einer Farbe. Oder: Die erste, zweite und dritte Steigerungsstufe bei jedem Mobile jeweils in einer Farbe.

4. Sodann muß die genaue Mitte gefun-

den, mit der Schere ein kleines Loch gemacht und ein Bindfaden hindurchgezogen werden. Die Karte muß in der Balance hängen.

5. Die beiden zugehörigen (evtl. längeren) Karten werden nach genau demselben Verfahren gefertigt und dann an der ersten so befestigt, daß sich daraus ein Mobile ergibt.

6. Der letzte Arbeitsschritt ist das Aufhängen der Mobiles mit Klebestreifen oder Reißbrettstiften. Der Lehrer leistet mit zwei Schülern Hilfestellung an

der Trittleiter oder übernimmt das Aufhängen selbst.

Anläßlich einer Lehrerfortbildungsveranstaltung, bei der solche Mobiles im Original gezeigt wurden, kam eine engagierte Fachkollegin sofort auf die Idee, diese Lernhilfe auch bei den unregelmäßigen Verben zu verwenden. Das könnte dann so aussehen.

*Beispiel 33*

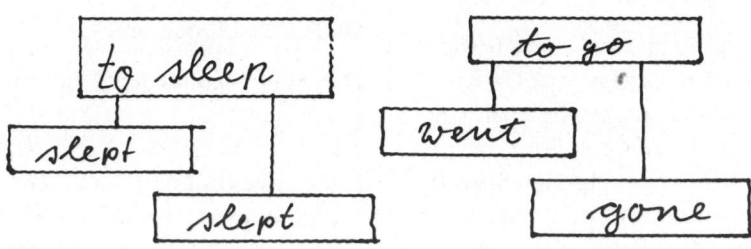

Das Stichwort ‚unregelmäßige Verben‘ gibt mir Anlaß, auf Vorschläge hinzuweisen, die der Lehrer H. Baumgarten (1984) in einem kurzen Aufsatz vorgetragen hat. Darin werden weitere Möglichkeiten der Entwicklung von Lernhilfen exemplifiziert. So wurde in seinem Unterricht die Liste der unregelmäßigen Verben neu sortiert. Die Schüler sammelten die „Hühner-Verben": put (put, put); hit; cost; let; set

…, die „Katzen-Verben" (i-a-u): drink (drank, drunk); sing; ring …, die „Frosch-Verben" [ɔ:], [ɔ:t] : fight (fought, fought); buy; catch; teach … und die „Krimi-Verben": (ein „e" verschwindet): keep (kept, kept); sleep; sweep; feed … Die so zusammengestellten Verbgruppen kann man auf selbstgemachten Postern neu auflisten, wobei wieder unterschiedliche Farben verwendet werden können.

**Words do come easy**

|     | a | e | i | o | u | y |
|-----|---|---|---|---|---|---|
| b   |   | ● |   |   |   | ● |
| d   |   |   |   | ● |   |   |
| f   |   |   | ● | ● |   |   |
| g   |   |   |   | ● |   |   |
| h   |   | ● |   |   |   |   |
| m   | ● | ● | ● |   |   | ● |
| n   | ● |   |   | ● | ● |   |
| p   |   |   |   |   | ● |   |
| r   |   |   |   | ● |   |   |
| s   | ● |   | ● | ● | ● |   |
| t   | ● |   | ● | ● |   |   |
| w   |   | ● |   |   |   |   |
| x   |   |   |   | ● |   |   |

Diese Matrix wurde im Englischunterricht mit einer schwachen Lerngruppe (B-Kurs) der 8. Klasse einer Hauptschule entwickelt. Die Schüler hatten sich über die vielen kleinen Wörter der englischen Sprache beklagt. Sie meinten, diese Wörter seien so klein, daß man sie sich nicht merken könne. „Mein Computer kann sie nicht speichern", sagte einer von ihnen. Offensichtlich sind Schrift- und Lautbild so klein und kurz, daß sie diesen Schülern weder dem Auge noch dem Langzeitgedächtnis eine Ankerstelle bieten. Die Problematik spitzt sich noch dadurch zu, daß diese

Wörter – die meisten als ‚structure words' – relativ häufig vorkommen. Ihr Frequenzwert wird deutlich in solchen Sätzen wie "What is he up to?" oder "He felt up to it". Die Schüler vermuteten dann fälschlicherweise auch, daß es davon eine riesige Menge geben müsse. Um gemeinsam herauszufinden, wie viele Wörter es denn wirklich seien, erstellten wir eine Checkliste, und damit entstand dann die obige Matrix. Um sie als ständige Lernhilfe im Klassenzimmer präsent zu haben, wurde sie sofort als Poster umgestaltet. Die Überschrift ist übrigens eine Anspielung auf einen vor ein paar Jahren häufig zu hörenden Popsong von F.A. David: Words don't come easy. Die Matrix enthält bewußt keine Abkürzungen wie Pa und auch keine Wörter in Ausrufen, wie oh, ah, hi, etc.

Einige Schüler fanden durch Doppelungen des zweiten Buchstaben weitere Wörter, wie z.B. add, odd und too.

Das System gefiel den Schülern so gut, daß sie sogleich auch eine Matrix für Wörter mit drei Buchstaben haben wollten. Dies erwies sich freilich als ein recht schwieriges Unternehmen. Hunderte von Wörtern ergaben sich. Die meisten waren den Schülern nicht bekannt. Dennoch machte es ihnen großen Spaß, weil sie Gelegenheit hatten, auch einmal selbst etwas in der L2 zu entdecken. Es entstand schließlich die folgende Matrix. Sie ist unvollständig, um den Lesern nicht das Vergnügen zu nehmen, es einmal selbst zu versuchen.

| | ad | an | ar | at | ay | et | ow | ot | ub | un | em | im | it |
|---|---|---|---|---|---|---|---|---|---|---|---|---|---|
| b | bad | ban | bar | bat | bay | bet | bow(2) | X | X | bun | Ben | bin | bit |
| c | cad | can(2) | car | cat | X | X | cow | cot(2) | cub(2) | X | X | X | X |
| d | dad | Dan and↵ | X | X | day | X | | dot | dub(x) | dun(x) | den | din(x) | X |
| e | | | ↵ | ↵ | | | | | | | | | |
| f | | fan | | | | | | | | | | | |
| g | | | | | | | | | | | | | |
| h | | | | | | | | | | | | | |
| j | | | | | | | | | | | | | |
| k | | | | | | | | | | | | | |
| l | | | | | | | | | | | | | |
| m | | man | | | | | | | | | | | |
| n | | | | | | | | | | | | | |
| p | | ↵ | | | | | | | | | | | |
| r | | ran | | | | | | | | | | | |
| s | | | | | | | | | | | | | |
| t | | tan | | | | | | | | | | | |
| v | | van | | | | | | | | | | | |
| w | | way | | | | | | | | | | | |

Selbst entwickelte und erarbeitete Übungs- und Lernhilfen sind auch im Hinblick auf die Maßnahmen der Binnendifferenzierung recht hoch einzuschätzen. Das sollen die Beispiele 36–40 zeigen. Sie sind alle im Klassenraum als großformatige Poster präsent, um so den Schülern stets als Hilfe zur Verfügung zu stehen.

*Beispiel 36*

Dieses Poster wurde im Rahmen der Grammatikarbeit erstellt. Es unterstützt die Schüler rein assoziativ beim Gebrauch von *some* und *any: some* bei bejahten oder bejahenden Äußerungen, *any* bei verneinenden Äußerungen oder Fragen. Der Fall einer Verwendung von *some* in Fragen mit Erwartung oder Gewißheit einer bejahenden Antwort ist hier nicht berücksichtigt.

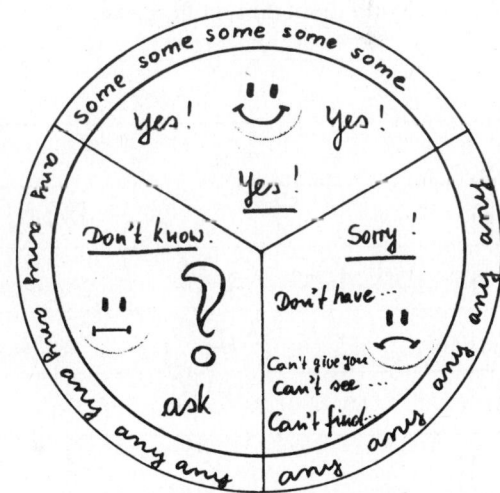

*Beispiel 37*
Dieses Poster leistet visuelle Hilfen zur

Bildung von compounds with *some* and *any*.

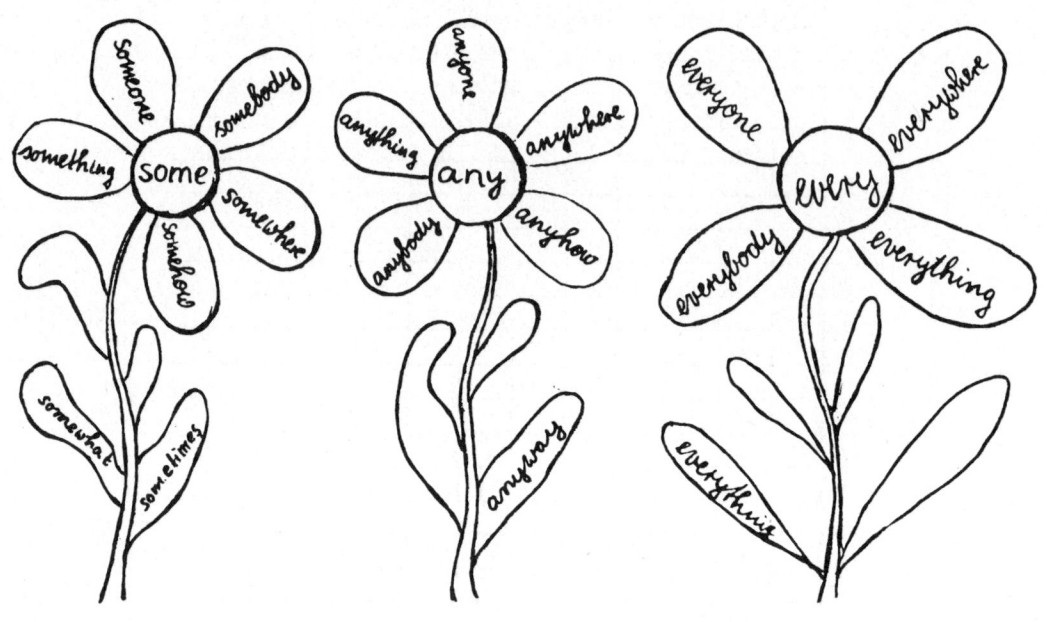

*Beispiel 38*
Dieses Poster dient den spelling exercises.

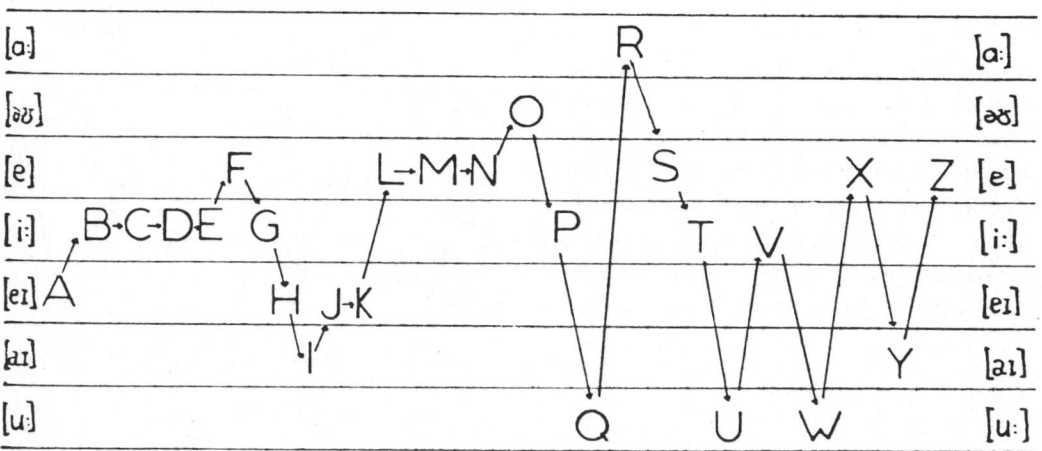

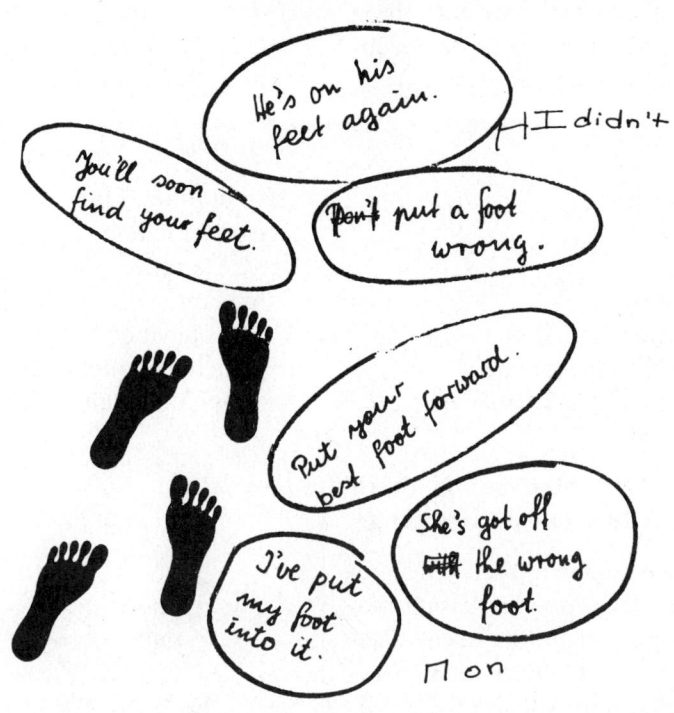

*Beispiel 40*

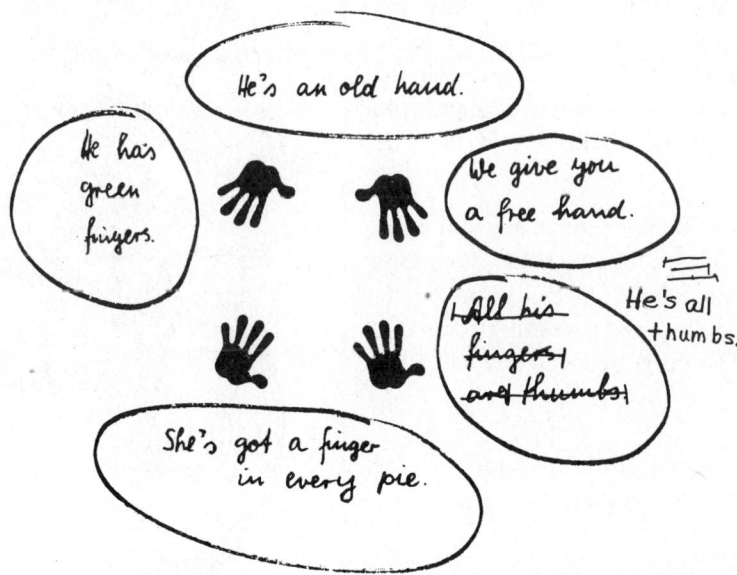

Die beiden Beispiele 39 und 40 sind hilfreich bei der Erarbeitung und Sicherung kollokativer und idiomatischer Äußerungen. Körperteile spielen dabei eine große Rolle. Es gibt im Englischen wie im Französischen zahlreiche bildliche Redensarten, in denen man sich auf einzelne Körperteile bezieht (vgl. Beipiele 41 und 42).

*Beispiel 41*

(*ear* im Englischen)
I'm all ears.
I had his ear.
Her ears are burning.
It has got his earmark.
She keeps her ear to the ground.
He was sent away with a flea in his ear.

*Beispiel 42*

(*tête* im Französischen)
se creuser la tête
perdre la tête
faire la tête
J'ai la tête vide
laver la tête à quelqu'un
faire une tête d'enterrement

### 3.4 Motivation und Motivierung durch Realitäts-, Alters- und Alltagsbezug

Der im vorangehenden Abschnitt angesprochene projektorientierte Ansatz bietet gute Voraussetzungen für solche Themen, die der realen Umwelt, dem Alter der Schüler und ihrem Alltagsleben angemessen sind. Dies läßt sich natürlich mit zunehmendem Alter der Schüler, d.h. bei wachsendem Sprachrepertoire immer leichter realisieren. So interessieren sich die meisten Schüler, Mädchen wie Jungen, am Ende der Sekundarstufe I z.B. für das Mopedfahren.

Das folgende Beispiel zeigt ein von einer Gymnasiastin erstelltes Bild, das eine Mischung aus Kopie (Moped) und Zeichnung (Jugendlicher) darstellt. Sprech- und Übungsanlässe ergeben sich aus den Bilddetails.

What is wrong with this mopeddriver?
Comment on this picture.

*Beispiel 43*

1. Have a look at this protective helmet. Would you say that it is in its right place? Why is it so important to wear it?
   Give examples.
   Head injuries are the most serious ones for mopeddrivers.
   Most head injuries can kill you.
   The pavement is harder than any head.

2. Our mopeddriver has got a streamlined "jet" helmet with visor. Why is it good to wear such a helmet with visor?
   Give examples.
   One might get something in the eyes, f.i. insects; snow, smoke, sun etc.

3. Have a look at the feet. What kind of shoes is the driver wearing and where has he placed his feet?
   Clogs are the wrong shoes for mopeddrivers. You can't use the brake correctly. You might lose the clogs and cause an accident.
   It is important to have stable shoes. The feet must be placed on the pedals so that you can use the brake.

4. The mopeddriver lets his long scarf blow in the wind.
   What do you think about this?
   It might wrap in the spokes and rip him off the saddle.
   It could irritate others. It might catch somewhere (on a tree, in/on a fence, on another vehicle).

5. The mopeddriver is smoking a cigarette.
   Comment on this fact.

6. Look at his left hand and say what you think.

Mit der folgenden Übung möchte ich am Beispiel des Alltagstextes „Horoskop" demonstrieren, wie man die Schüler dazu bewegen kann, an idiomatische Wendungen heranzugehen. Wir gehen von vorgegebenen Horoskopen aus und erklären dazu die Wendungen. Jeder Schüler interessiert sich natürlich zunächst einmal für *sein* Horoskop und studiert es eingehend. Nun erhalten die Schüler die Aufgabe, für einen Bekannten oder Freund ein Horoskop für die nächste Woche selbst zu erstellen. Dazu benutzen sie die vorhandenen Horoskoptexte als „Steinbruch", d.h. sie entnehmen oder entleihen den Texten bestimmte Sätze und Wendungen und stellen damit ein „neues" Horoskop zusammen. Aus einem entsprechenden Unterrichtsversuch in einer 10. Realschulklasse ergab sich für die Schüler eine verblüffende Einsicht, die sie so formulierten: „Wenn man nur einen ordentlichen Vorrat an Formulierungen hat, dann kann man ja tatsächlich selber Horoskope schreiben. Wenn diese schön im Allgemeinen bleiben und dazu noch eine Menge nützlicher Ratschläge für den Alltag enthalten, dann kann das ja auch niemandem schaden."

Damit hatte sich ihre Einstellung zu Horoskopen fundamental geändert. Ich stelle den Erklärungsteil für die Idiome voran, und zwar genau in der Reihenfolge des Vorkommens in den Horoskopen.

*Aries* (Ram)
Go straight ahead; you'll make progress

*Taurus* (Bull)
without much respect; keep cool or calm; do what has to be done

*Gemini* (Twins)
to ignore; refuse offers of kindness; be shy (snails creep into their shells when in danger)

*Cancer* (Crab)
calm down; don't spend too much money; include (cowboys rope cattle in)

*Leo* (Lion)
show too much interest in; be sympathetic to; help them; go for a walk or do something to keep fit; get some exercise out of doors

*Virgo* (Virgin)
manage your own affairs; develop positively; a lot to do; do not interfere

*Libra* (Scales)
stubborn and self-important; win; make an extra effort

*Scorpio* (Scorpion)
get to work on something; be freed from; (dice: Würfel) fate is on your side; without any risks; to take risks

*Sagittarius* (Archer)
worry too much about; start all over again; have a good result; to do with money; are dishonest

*Capricorn* (Goat)
going the right way; false friendliness with selfish reasons (a child kisses his mother for the sweets she keeps in the cupboard in order to get some)

*Aquarius* (Water carrier)
bullied; be independent; care about; start or do too many things at once; deal with

*Pisces* (Fish)
keep you busy; circumstances are good for you; don't get too excited

# Horoscopes teach you idioms

**Mar 21–Apr 20**

Irritations are over now. Your financial situation will improve. There will be a solution to your health problems. Just **follow your nose** and **you'll make headway.**

**Apr 21–May 20**

You'll have too much energy this week. Don't irritate others by **off-hand** manners and **keep your head.** Second thoughts are often better and will help you to **keep your house in order.**

**May 21–June 21**

You'll establish new contacts with people who could help you. Don't **cold-shoulder** them and don't **look a gift horse in the mouth.** And whatever you do, **don't retire into your shell!**

**June 22–July 23**

Things will **settle down. Keep your money in hand** and watch your health. Some people want **to rope you in** to a new business venture. Think before you act.

**July 24–Aug 23**

You tend **to poke your nose** into other people's affairs. Let them solve their own problems but **have a heart** for those who ask you **to give them a hand.** After a long day at work you should try and **stretch your legs** and get **a bit of fresh air.**

**Aug 24–Sept 23**

Time **to stand on your own two feet!** Things will **pick up** this week. You'll have **plenty on your plate** as long as you **mind your own business.**

**Sept 24–Oct 22**

Beware of being **pig-headed** this week and don't let the rebel in you **get the upper hand! Put your shoulder to the wheel, and your nose to the grindstone,** and success will be yours.

**Oct 23–Nov 22**

You are starting **to get your teeth into** it. One extra effort, and you'll **be rid of** the problems that have been blocking your way so far. **The dice are no longer loaded** against you, but **play safe** anyway. Bear in mind that it's dangerous **to skate on thin ice.**

**Nov 23–Dec 22**

It won't help **to brood on** your problems; **make a clean sweep** and things will **turn out well.** The weekend will be happy, especially **cashwise.** Beware of people who are afraid **to show themselves in their true colours.**

**Dec 23–Jan 20**

Don't alter your plans. You are **on the right track.** You'll get what you need. Friends and relatives will offer you a wide choice of opportunities. But beware of **cupboard love.** There are always people who want to get more than they give.

**Jan 21–Feb 19**

There is a lot of coming and going around you. You are in danger of being **bulldozered. Paddle your own canoe** and don't **give a bean** about other people. A busy weekend in view. Don't **have too many irons in the fire,** though, or it will be more than you can **handle.**

**Feb 20–Mar 20**

Life is not always peaceful. Other people **keep you on your toes.** But most **things go your way** this week. You'll deserve rewards, but **hold your horses.** Then you'll really enjoy yourself.

Vereinzelt enthalten auch die Lehrbücher solche Ansätze. So findet sich im Band 4 der Hauptschulausgabe von ‚Learning English, Modern Course' das Prinzip der ‚Topic Boxes'. Diese stehen außerhalb der Progression und stellen Material für Plateau- und Verweilphasen bereit, das besonders den Aspekt des gemeinsamen Handelns in den Vordergrund stellt (vgl. Reisener 1978). Beispiel 45 zeigt eine solche Lehrbuchseite. Beispiel 46 zeigt die Weiterführung dieses Ansatzes im Band 5/6 der Realschulausgabe des gleichen Lehrwerkes.

*Beispiel 45*

### 2. All the best!

It's Martin Smith's birthday today. The girls in his class have "written" him a letter. Have a look at it. It's a new way to write letters, isn't it?

**Project:**
"Write" a letter to your friends or somebody else. Just take some old English or American newspapers or magazines (perhaps your teacher can bring you some), cut out suitable words and make a collage. Work in groups.

Topic Box Topic Box Topic Box Topic Box Topic Box Topic

## 12. A survival game

*Fairbanks Star, 7 February 1978*

### a) Airplane missing on Fairbanks-Bettles Flight

**Blizzard reported—Search going on**

The regular flight to Bettles, which left Fairbanks at 3.20 yesterday afternoon, is reported missing. The airplane, carrying a team of pipeline engineers und mechanics due to start work at Bettles pump-station, was last contacted at 4.05 when the pilot reported an oncoming blizzard.
Also on board are three nurses for Bettles' new hospital center. The plane carries a supply of food and clothing as well as general and technical equipment for the pump-station. A search is being carried out by plane and helicopter, but so far no trace of the wreck or its occupants has been found. The airplane is believed to have crashed in mountainous woody country about 15 miles north of the Yukon River. Since the flight route closely follows the pipeline it is hoped that any survivors will be able to get through to one of the pipeline bases.
At temperatures currently below –10°F there is little chance of survival for more than 24 hours without shelter.

b) *You and your class are the survivors of this plane-crash. This is your situation:*
The plane is totally wrecked. The radio set is dead, no one is able to repair it. The pilot and two passengers are injured and cannot walk. You are all warmly clothed with thick jackets, pants and heavy boots. Some of the equipment can be recovered from the wreck and it is dry and in good condition. There are enough rucksacks to go round but remember: the more you carry the slower you will be able to travel. *Form groups of four and choose the equipment you think you need from the following list. Explain why you think the items you have chosen are important.*

| | | |
|---|---|---|
| 3 bottles of whiskey | 4 pocket knives | 3 lb of chocolate cookies |
| 1 transistor radio | 1 song book | |
| 12 sleeping bags | 1 alarm clock | 12 lb of tea |
| 3 maps of the area | 120 pre-cooked hamburgers | a whistle |
| 1 compass | 48 cans of beer | a camera |
| 1 flashlight | 36 boxes of matches | 6 pairs of snowshoes |
| 1 pocket mirror | 3 nylon tents | an ax |
| 3 first aid kits | | a guitar |

c) Here is a map of the area between Fairbanks and Bettles.

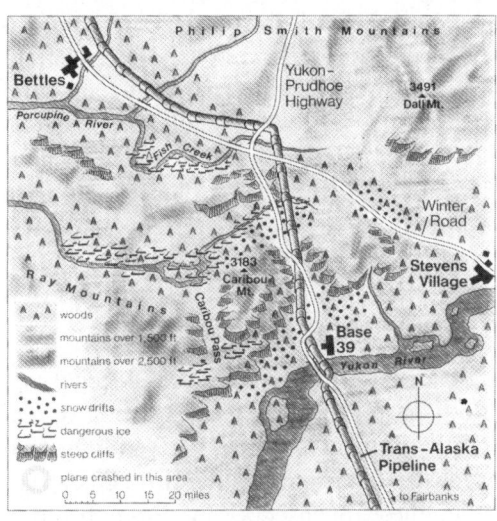

You do not know exactly where you are except that you are north of the Yukon and not very far from the pipeline. *Look closely at the obstacles shown in the map, check if your equipment is suitable and say how you would try to get to the pipeline.*
*Start like this:* "I think we should go north/south ... keep together/split up ..."

| | |
|---|---|
| No, I disagree, ... | It would be better to ... |
| We would only stand a chance if we ... | |
| We shouldn't ... | I suggest ... |
| My idea is ... | Unless we ... |

*Discuss the plans and decide which promises the best chances of survival for everybody.*

d) *Now finish the story,*
— either as a newspaper report for the "Fairbanks Star"
— or as an interview between a TV-reporter and one of the survivors.

### 3.5 Motivation durch Kognition

In diesem Abschnitt soll abschließend nur auf ein einziges Phänomen eingegangen werden, das allerdings für jeden L2-Unterricht und insbesondere für den Englischunterricht eine durchgehende Problematik darstellt. Es ist die bekannte Phonem-Graphem-Diskrepanz, d.h. die meist mangelnde Entsprechung zwischen Laut- und Schriftbild, die beim Schüler immer wieder zu Verwirrung und Lernschwierigkeiten führt. Damit wird dieses schon im Kapitel 2.6 unter dem Gesichtspunkt der Komplexität angesprochene Thema erneut aufgegriffen, nun aber relativiert und weiter ausdifferenziert.

Die Erkenntnis, daß es in der Regel pro Phonem maximal sechs Graphemgruppen gibt, hat mich zu der Verwendung von Sechseckanordnungen geführt. Überträgt man diese Sechsecke auf Folie für den Overheadprojektor, so werden durch Abdeck- und Overlaytechnik sehr effektive Übungsreihen möglich. Beispiel 47 zeigt die Abdecktechnik. Mit entsprechend zugeschnittenen Papp- oder Papierdreiecken können einzelne Felder abgedeckt werden, so daß das Augenmerk der Schüler auf bestimmte Graphemgruppen gelenkt wird. Danach wären z.B. Blitzdiktate möglich: Nach dem Leitwort *burn* diktiere ich oder lasse lesen: Church, fur, furniture, nurse, purse, Thursday, je nach Lexikbestand innerhalb des Lehrgangs. Die Schüler erkennen die beiden Grapheme *ur* als Repräsentanten des Phonems [ɜ:]. Ebenso lassen sich dann Wörter mit den Graphemen *ir, or, ear,* und *our* auflisten, und die Gruppen können durch Ab- und Aufdecken schließlich beliebig kontrastiert werden.

Ein weiteres Beispiel zeigt, wie durch Übereinanderlegen zweier Folien mit zwei unterschiedlichen Phonemfamilien weitere Kontrastierungs- und Kombinationsmöglichkeiten erschlossen werden können: Der [aʊ]-sound kann durch die Grapheme *ou* oder *ow* repräsentiert werden. Insgesamt ergeben sich also nur zwei Gruppen. Ebenfalls zwei Gruppen ergeben sich bei dem Phonem [ɔɪ], nämlich *oy* und *oi*. Mit der hier vorgeschlagenen Overlaytechnik können alle vier Gruppen synoptisch gezeigt und dadurch kontrastiert werden.

*Beispiel 47*
(Abdecktechnik)

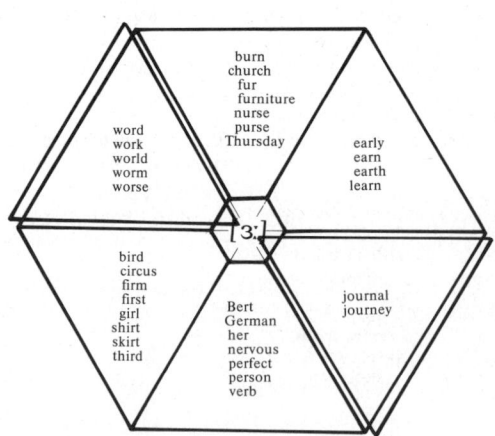

*Beispiel 48*
(Overlaytechnik)
Hier wird gezeigt, wie zwei Folien überein-
andergelegt worden sind, so daß nun weitere Kontrastierungen vorgenommen werden können. Zusätzlich kann hier auch
noch mit der Abdecktechnik gearbeitet
werden.

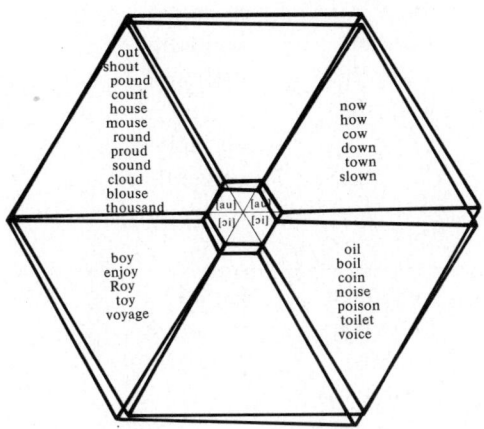

Bezieht man die Abdeckmöglichkeiten
mit den Papp- oder Papierdreiecken noch
in das Verfahren mit ein, so wird zumindest ansatzweise erkennbar, daß hier vielfach, variabel und motivierend gearbeitet
und geübt werden kann. Ich habe hier nur
mit Hilfe von drei Selbstlaut-Phonemen
exemplifiziert. Es folgt eine Reihe weiterer Gruppierungen in Form von Listen
(alle Beispiele exemplifizieren mit British
English). Anwendbar ist diese Technik
natürlich auch auf den gesamten Konso-
nantenbereich.

*Beispiel 49*

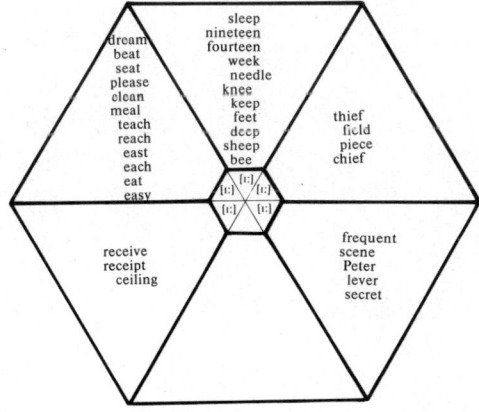

## [ɪ]

| | | | |
|---|---|---|---|
| lady | glasses | bodies | begin |
| many | trumpet | cities | beside |
| sorry | wanted | hobbies | December |

| | | | |
|---|---|---|---|
| hockey | | carried | element |
| money | | emptied | elephant |
| valley | | worried | eleven |
| | | | enough |
| | | | remember |

## [ɪ]

| | | | |
|---|---|---|---|
| gymnastics | children | cabbage | captain |
| syllable | kill | luggage | mountain |
| system | wind | village | portrait |
| | bridge | cottage | |
| | porridge | orange | |
| | kiss | | |
| | kitchen | | |
| | fit | | |
| | sit | | |
| | give | | |

## [ɔ]

| | |
|---|---|
| long | what |
| porridge | Watt |
| tomorrow | squash |
| lorry | |
| sorry | |
| orange | |
| job | |
| boss | |
| cloth | |
| got | |
| top | |
| cost | |
| soft | |

70

## [ɔ:]

| | | | | | |
|---|---|---|---|---|---|
| war | corner | pause | draw | all | pour |
| warm | report | faught | yawn | ball | four |
| towards | north | taught | lawn | call | course |
| quarter | horse | daughter | saw | wall | your |
| | storm | autumn | straw | fall | court |
| | more | | awful | tall | – – – – – – |
| | or | | | walk | thought |
| | Lord | | | talk | – – – – – – |
| | | | | salt | water |
| | | | | also | |
| | | | | already | |

## [e]

| | | | | | |
|---|---|---|---|---|---|
| many | devil | Leonhard | said | weather | guess |
| Thames | herring | leopard | again | pleasant | guest |
| anywhere | very | | against | leather | – – – – – – |
| anybody | desert | | | heaven | friend |
| anything | petrol | | | dead | |
| anyway | fence | | | bread | |
| any | fetch | | | steady | |
| | bed | | | ready | |
| | shelf | | | heavy | |
| | ten | | | | |
| | let | | | | |
| | get | | | | |
| | empty | | | | |
| | enter | | | | |
| | end | | | | |

## [æ]

| | |
|---|---|
| angry | valley |
| absent | shall |
| album | programme |
| alphabet | family |
| animal | have |
| asphalt | bag |
| | narrow |
| | carry |
| | gallon |

71

## [ʊ]

| | | |
|---|---|---|
| pudding | foot | could |
| butcher | look | should |
| pull | cook | would |
| full | wool | |
| sugar | wood | |
| bush | bedroom | |
| push | | |

## [u:]

| | | | | | |
|---|---|---|---|---|---|
| school | suit | Tuesday | shoe | two | soup |
| moon | fruit | blue | canoe | prove | wound |
| spoon | juice | true | | move | group |
| goose | | ----- | | do | you |
| tooth | | ruler | | who | ----- |
| pool | | truth | | | through |
| tool | | rule | | | |

## [ʌ]

| | | | | |
|---|---|---|---|---|
| young | blood | lunch | come | does |
| country | flood | hundred | dozen | |
| cousin | | fun | month | |
| courage | | gun | once | |
| touch | | hurry | colour | |
| couple | | dull | tongue | |
| rough | | shut | nothing | |
| tough | | up | monkey | |
| | | cut | money | |
| | | but | | |

## [ɑ:]

| | | | |
|---|---|---|---|
| car | calf | photograph | aunt |
| star | half | after | laugh |
| far | | plant | ----- |
| farm | | dance | guard |
| park | | answer | clerk |
| large | | bath | heart |
| market | | | |
| garden | | | |

## [aɪ]

| | | |
|---|---|---|
| pilot | cycling | pie |
| side | fly | lies |
| site | sky | flies |
| twice | try | dies |
| prize | why | cries |
| climb | dry | – – – – – |
| life | cry | eye |
| fine | by | bye |
| behind | | buy |
| kind | | – – – – – |
| child | | guide |
| price | | – – – – – |
| | | right |
| | | high |

## [e]

| | | | | | |
|---|---|---|---|---|---|
| lane | way | steak | rain | eighty | they |
| date | away | break | wait | eighteen | grey |
| make | play | great | main | eight | – – – – – |
| angel | hay | | plain | neighbour | gauge |
| age | lay | | pail | | gaol |
| able | pray | | rail | | |
| face | May | | fail | | |
| stranger | day | | nail | | |
| danger | say | | sail | | |
| game | | | – – – – – | | |
| lazy | | | straight | | |
| plane | | | | | |
| baker | | | | | |

## [ɪa ]

| | | | |
|---|---|---|---|
| clear | really | here | beer |
| year | real | zero | deer |
| hear | | series | engineer |
| near | | serious | |
| dear | | hero | |
| | | – – – – – | |
| | | sincere | |
| | | mere | |

73

## [eə]

| | | | |
|---|---|---|---|
| there | pear | **air** | care |
| where | wear | stair | declare |
| | bear | fair | share |
| | | hair | dare |
| | | pair | stare |
| | | | ware |

## [ʊa]

| | | |
|---|---|---|
| tourist | poor | plural |
| tour | moor | during |
| | | – – – – – |
| | | sure |
| | | pure |
| | | cure |

## [aɪə]

| | | | | |
|---|---|---|---|---|
| pirat | dryer | dial | crier | violent |
| admire | shyer | dialogue | lier | violet |
| fire | tyre | giant | fortyfier | violin |
| hire | buyer | diary | signifyer | lion |
| wire | | – – – – – – | quiet | pioneer |
| tired | | | diet | |
| virous | | | | |
| – – – – – | | | | |
| higher | | | | |
| triumph | | | | |

## [aʊ]

| | | | | |
|---|---|---|---|---|
| toast | own | goes | over | soul |
| coast | throw | heroes | postman | shoulder |
| loaf | snow | tomatoes | home | |
| road | blow | potatoes | motor | |
| coal | know | toe | hotel | |
| boat | show | Joe | both | |
| | | | cold | |
| | | | gold | |
| | | | clothes | |
| | | | whole | |
| | | | hole | |
| | | | roll | |

Im Hinblick auf die Phonem-Graphem-Beziehung bietet sich noch eine andere Einsicht als recht hilfreich an. Wir hatten im Kapitel 2.6 herausgestellt, daß im Anfangsunterricht nichts gesprochen werden soll, was nicht zuvor gehört wurde; daß nichts gelesen werden soll, was nicht zuvor gehört und gesprochen wurde, und daß schließlich nichts geschrieben werden soll, was nicht zuvor gehört, gesprochen und gelesen wurde. Entsprechend organisieren wir die Einführung neuer Vokabeln so, daß wir das neue *item* erst dann grafisch präsentieren, wenn die Schüler es oft genug gehört und nachgesprochen haben.

Dieser Zusammenhang muß im nachhinein nun aber doch differenzierter gesehen werden, denn nicht bei jedem Wort ist dies wirklich das lerngünstigste Vorgehen. – Haben wir das Wort *cupboard,* so sollten wir in gewohnter Weise verfahren, also das Wort vor dem ersten Anschrieb so oft wie möglich hören und sprechen lassen, damit sich das Lautbild hinreichend eingeprägt hat, wenn die Schüler das Schriftbild das erste Mal sehen. Schreiben wir *cupboard* zu früh an, so kann es sich als Störfaktor oder Lernhindernis erweisen. Es würde die Schüler dazu verleiten, ['kʌp'bɔːd] zu sprechen. Lautbild und Schriftbild klaffen zu weit auseinander, oder anders gesagt: Die Phonem-Graphem-Beziehung ist ungünstig. Wir haben acht Grapheme, nämlich c-u-p-b-o-a-r-d, aber nur fünf Phoneme, nämlich[k-ʌ-b-ə-d]. Die Gra-

phem-Phonem-Entsprechung ist 8:5, also in der Tat nicht gerade lernfördernd. Ich bemühe mich deshalb bei diesem Wort erst einmal um die Sicherung des Lautbildes, bis ich es wagen kann, das Schriftbild zu präsentieren. Lesen die Schüler fortan ['kʌbəd] richtig, so kann das als Beweis dafür genommen werden, daß der Einführungsprozeß erfolgreich angelegt war.

Anders, und zwar direkter, zügiger, zeitsparender und effektiver kann ich aber vorgehen, wenn ich Wörter mit einer günstigen Phonem-Graphem-Relation habe. Das Wort *ask* z.B. kann ich ohne aufwendige Vorab-Sicherung des Lautbildes recht bald schriftlich präsentieren, da sich das Schriftbild hier als Hilfe erweist. Die Phonem-Graphem-Entsprechung ist 3:3 [a-s-k]/ [ɑː-s-kʰ]. Andere Beispiele sind leicht und schnell aufgezeigt: *follow, instant, milk,* ja selbst das angeschriebene Wort *bicycle* ist eine Hilfe.

Als generelle Richtung wäre schließlich anzugeben:
*Je günstiger die Phonem-Graphem-Entsprechung ist, desto eher kann man die schriftliche Darbietung des Wortes ansetzen, um die sich damit anbietenden Lernhilfen zu nutzen. Je ungünstiger die Phonem-Graphem-Relation ist, desto länger muß man die grafische Präsentation hinauszögern und für die akustische Sicherung des Lautbildes sorgen.*
Der Lehrer muß also von Fall zu Fall immer wieder neu entscheiden, wie er vorgeht.

# 4. Motivierungsansätze im Übungsbereich

Für den Fremdsprachenunterricht sind Übung und Üben zwei Begriffe, die Ausdruck des übergeordneten Ziels aller Unterrichtsarbeit sind, nämlich zum *Sprachkönnen* zu führen (vgl. Kapitel 2.9). Über den Sinn und die Berechtigung so mancher Übung und so mancher Übungstätigkeit ist im vergangenen Jahrzehnt viel diskutiert und zum Teil auch heftig gestritten worden. Der hohe Stellenwert des **Übens** im L2-Unterricht wurde jedoch niemals ernsthaft in Frage gestellt.

Der Lehrgangscharakter, die künstlich geschaffene Spracherwerbssituation im Unterricht, die Fertigkeitenorientiertheit und die nicht ganz einfache Struktur des Lerngegenstands Fremdsprache machen leicht einsichtig, daß das Üben wesentlicher Bestandteil aller lernerischen und somit auch aller unterrichtlichen Bemühungen ist. Es wurde im Kapitel 2.9 schon herausgestellt, daß fremdsprachliches Können im wesentlichen das Ergebnis von drei Faktoren ist:

o den **Fähigkeiten** im Sinne der bei jedem Menschen vorhandenen Spracherwerbsdisposition, die es über Fertigkeiten zu pflegen, zu aktivieren und zu entwickeln gilt,

o den **Fertigkeiten**, die anzulegen, zu schulen und zu erweitern sind,

o den **Kenntnissen**, die durch Sammeln, Bewußtmachen, Kontrastieren, Regelerkennen und Systematisieren die Ausbildung der Fertigkeiten und Fähigkeiten begünstigen, beschleunigen und somit abkürzen können.

Die Komplexität und Kompliziertheit des Themas Üben und Übung ergibt sich aus dem dynamischen Spannungsverhältnis zwischen *Sprachwissen* und *Sprachkönnen*. Es bleibt in vielfacher Hinsicht eine offene Frage, in welchem Umfang zum einen imitativ-reaktive Verfahren zum Geläufigkeitstraining, zur Automatisierung und Habitualisierung und zum anderen systematisierend-kognitive Verfahren zur bewußtmachenden Stützung der Lernprozesse einander ergänzen, ersetzen oder gar ausschließen. Dieses ungeklärte Verhältnis zwischen Wissen und Können ist auch mit ein Grund für die allenthalben herrschende Verlegenheit in der Begrifflichkeit, durch die die Diskussion methodischer Fragen in erheblichem Maße beeinträchtigt wird. Das fängt schon damit an, daß die beiden Begriffe Üben und Übung zuweilen mißverständlich gebraucht werden. Während etwa der eine Kollege mit ‚Übung‘ eine zu bewältigende Aufgabenordnung im Lehrbuch meint, also eine bestimmte *exercise,* mag der andere an die Tätigkeit des Übens, also an *practice* denken. Beides findet sich, kompromißhaft zusammengefaßt und lehrgangsbezogen angeordnet im Lehrbuch. Es bietet Übungen und leitet damit zum Üben an. Dadurch wird das Übungsgeschehen für den Schüler auf der Sekundarstufe I nur schwer durchschaubar. Erschwert wird die Durchschaubarkeit meist noch dadurch, daß das Lehrwerk Lehrplanauflagen möglichst vieler oder aller Bundesländer erfüllen soll und damit eine relativ große Stofffülle birgt, die wiederum in komplizierter Weise unterteilt ist in Nebenpensen, fakultative

Zusatzelemente und Addita zur Differenzierung. Zwar kann Transparenz durch den Hinweis hergestellt werden, daß Fremdsprachenlehrbücher nicht mehr enthalten als neue Lexik, Grammatik und Phonetik, und daß sie dazu nicht mehr und nicht weniger bieten als Texte, Bilder und Übungen. Die Verwirrung entsteht meist erst durch die unterschiedlichen Zuordnungen, Verzahnungen und Interdependenzen der insgesamt sechs Bereiche. Die folgende Grafik kann das deutlich machen:

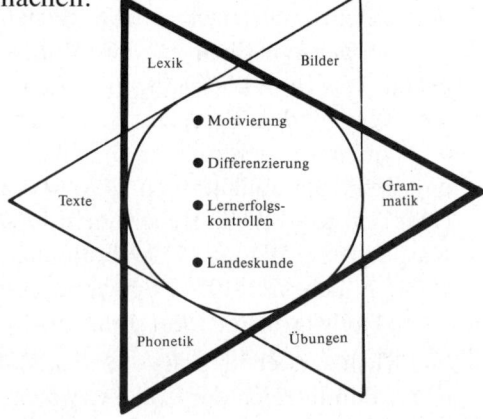

Auf dem doppelt gezogenen Dreieck erkennen wir wiederum die aufeinander bezogenen drei Teilsysteme der L2, nämlich Lexik, Grammatik und Phonetik. Das einfach gezogene Dreieck zeigt die drei wesentlichen Angebotsbereiche des Lehrbuchs, nämlich schlechthin nicht mehr als Texte, Bilder und Übungen. Es kommt nun nur darauf an, wie die sechs Faktoren miteinander kombiniert sind bzw. welche Kombinationen das Buch im Übungsbereich ermöglicht.

Wir benötigen z.B. Bilder und Bildelemente
– zur Semantisierung neuer Lexik
– zur Erhellung von Texten
– zur Übermittlung von komplexen Informationen (Piktogramme und Vignetten)
– zur Steuerung von Übungen etc.

Wir brauchen z.B. Übungen
– zur Festigung des Wortschatzes
– zur Texterschließung
– zur Lautschulung etc.

Wesentlich sind weiterhin die durchgehenden Probleme des Motivierens, des Differenzierens, Kontrollierens und der Landeskunde. Das Verwirrspiel setzt sich noch fort, wenn wir in die Details gehen.
In der Regel haben wir es – und hier zeigt sich die sprachliche Verlegenheit ganz konkret – meist mit Komposita zu tun: Sprechen wir etwa von Lexik-, Grammatik- und Phonetikübungen, so beziehen wir uns auf den Lerngegenstand, nämlich die drei sprachlichen Teilsysteme Wortschatz, Strukturen und Aussprache, zu denen wir Übungen haben, bzw. die wir übend erschließen, festigen und ausbauen wollen. Sprechen wir andererseits von Hörverstehens-, Sprech-, Leseverstehens- und Schreibübungen, so orientieren wir uns an verschiedenen Bereichen des Sprachkönnens, den klassischen *four skills* des Fremdsprachenunterrichts.
Ist die Rede von auditiven, visuellen und audio-visuellen Übungen, so stehen die für das Übungsgeschehen eingesetzten Medien im Vordergrund.
Von Multiple Choice, Einsetz-, Umformungs- und Kontrastierungsübungen etwa wird gesprochen, wenn es um die mehr formale Beschreibung von Übungstypen geht. Diese häufig unreflektiert benutzten Begriffe machen deutlich, daß wir uns – reden wir von Üben und Übungen im L2-Unterricht – stets auf mehreren Ebenen gleich-

zeitig bewegen, und eben dies führt zur Irritation und erschwert die Diskussion, sei es im Lehrerzimmer oder in der fachdidaktischen Literatur. Man sollte also, bevor man in ein Fachgespräch über dieses Thema eintritt, klären, was mit den einzelnen Begriffen genau gemeint ist. Deshalb soll im folgenden eine gezielt ordnende oder sogar *zuordnende* Begriffsbestimmung für das Übungsgeschehen versucht werden, um so zur Erleichterung von Diskussionen beizutragen und zugleich eine bessere Basis für mögliche Motivierungsansätze zu schaffen. Die folgende Interdependenzgrafik soll die Überlegungen strukturieren helfen.

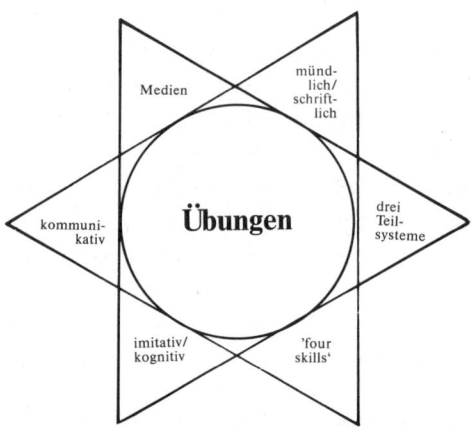

### 4.1 Zur Einordung der Übungsformen

Zunächst ist erst einmal darauf hinzuweisen, daß sich der Übungsbereich natürlich nach ebenso vielen Gesichtspunkten aufschlüsseln läßt, wie es Einzelaspekte des L2-Unterrichts gibt. Dies bildet sich in vielen fachdidaktischen Publikationen ab.

– So kann man die Übungen schlicht unter dem Aspekt der Erreichung von Lern-

 zielen untersuchen (vgl. Kogelheide 1977, Dakin 1977).

– Ebenso kann man das Terrain nach Maßgabe der Verwirklichung des kommunikativen Ansatzes sondieren (vgl. Neuner 1979, Pauels 1983, Schroeder 1978, Bundesarbeitsgemeinschaft Englisch an Gesamtschulen 1978).

– Wiederum andere Autoren orientieren sich an den Medien (vgl. Beile 1979, Groene u.a. 1983, Lonergan 1987, Jones 1982, Hinz 1979, Gutschow 1980).

– Wer adressatenbezogen reflektiert, stellt die Schülergemäßheit in den Vordergrund, was in den vergangenen Jahren vor allem auf dem Felde des Englischunterrichts in lernschwachen Gruppen zu engagierten Publikationen geführt hat (Helfrich u.a. 1983, Bebermeier 1980, Kaspar 1982, Walter 1979, Rautenhaus 1978, Hillebrand 1974, Schwerdtfeger 1976, Hellwig/Sauer 1984, Jung 1978).

– Natürlich versteht es sich von selbst, daß es für den Bereich der drei Teilsysteme immer neue Publikationen geben muß (Matthews u.a. 1985).

– Bei den *four skills* hat man in neuerer Zeit den Bereich des Hörverstehens stärker in den Mittelpunkt gerückt, was man ohne Zögern auch mit der Entwicklung der Cassette als neues Massen-Hörmedium in Verbindung bringen darf (Reisener 1982, Bayer 1982, Beile 1984).

– Aber auch auf dem Gebiet des Leseverstehens liegen neue Erkenntnisse vor (Pieper-Ortmann 1980). Und schließlich gibt es weiterführende Ansätze für das Sprechen (Böttcher u.a. 1982, Walter 1979).

Im folgenden wird ein Raster zur Einordnung der Übungsformen und -inhalte angeboten. Zu Strukturierung dienen die Fragewörter:

– WIE?       (Übungsformen),
– WAS?      (die drei Teilsysteme),
– WOZU?    (die four skills),
– WOMIT?   (Medien),
– WO?         (Lernort),

– WANN?      (didaktischer Ort, Stufen des Lernens) und
– MIT WEM?  (Partner).

Mit diesem Raster soll ein möglichst neutrales Erfassungsinstrument zur Diskussion gestellt werden, das die Bezugsaspekte des Übens und der Übungen am weitesten umgreift.

| WIE? | WAS? | | | WOZU? | | | | WOMIT? | | | | | | WO? | | WANN? | MIT WEM? | | |
|---|---|---|---|---|---|---|---|---|---|---|---|---|---|---|---|---|---|---|---|
| | Grammatik | Lexik | Phonetik | Hörverstehen | Sprechen | Leseverstehen | Schreiben | Schülerbuch | Workbook | Schülerheft | Bildmedien | Hörmedien | schriftl. Medien | Spielmedien | Klasse | zu Hause | Sprachaufnahme | Sprachverarbeitung | Sprachanwendung | individuell | Partnerarbeit | Gruppenarbeit |
| mündlich | | | | | | | | | | | | | | | | | | | | | | |
| schriftlich | | | | | | | | | | | | | | | | | | | | | | |
| imitativ | | | | | | | | | | | | | | | | | | | | | | |
| kognitiv | | | | | | | | | | | | | | | | | | | | | | |
| kommunikativ | | | | | | | | | | | | | | | | | | | | | | |
| mediengebunden | | | | | | | | | | | | | | | | | | | | | | |
| trainingsbezogen | | | | | | | | | | | | | | | | | | | | | | |
| spielerisch | | | | | | | | | | | | | | | | | | | | | | |
| reproduktiv | | | | | | | | | | | | | | | | | | | | | | |
| produktiv | | | | | | | | | | | | | | | | | | | | | | |

Man kann nun die Übungsformen (Vertikale) mit den Angaben auf der Horizontalen korrelieren, d.h. jede Übung entsprechend einordnen, um sich selbst einmal bewußt zu machen, auf welche Weise sich die unterschiedlichen Übungen in die Lernprozesse einfügen. Dazu biete ich anschließend einen Katalog der gängigen, in den heutigen Lehrbüchern verwendeten Übungen. Sodann führe ich ein Beispiel selbst aus.

# Übungstypologie

## Kurzkommentar und Beispiele

| Übungstypen | | |
|---|---|---|
| **Übungstypen** | **Kurzkommentar und Beispiele** | |
| 1. Multiple-Choice-Aufgaben | Aus in der Regel vier Vorgaben ist die eine zutreffende zu kennzeichnen (meist als Übungsform zur Überprüfung von Textverständnis verwendet). | |
| 2. Richtig-Falsch-Antworten | Übungsform zur Kontrolle des Lese- und Hörverstehens. Inhaltlich zutreffende und nicht-zutreffende Aussagen sind gemischt; die falschen sind herauszufinden und in der Regel dann richtigzustellen. | |
| 3. Verständnisfragen | Fragen zum Textverständnis (global und detailliert). | |
| 4. Zuordnungsübungen | Satz- und Wortelemente sind nach formalen oder inhaltlichen Gesichtspunkten miteinander zu verbinden. | |

**Beispiel**

| | | |
|---|---|---|
| *Henry was late* | | *her boyfriend had phoned her.* |
| *Jane was happy* | *because* | *he had missed the bus.* |
| *James laughed* | | *the examples were so funny.* |

| | | |
|---|---|---|
| *Avant* | *il faut* | *acheter quelque chose à boire.* |
| | | *contrôler la tente.* |
| *le camping* | *il ne faut pas* | *acheter une carte de la région.* |
| *Après* | *il faut encore* | *prendre une douche.* |
| | | *contrôler la lampe de poche.* |

**5. Satzbauübung**     Übungsform zur Erstellung richtiger Wortfolgen.

**Beispiel**

*please / can't / everyone / you*

6. Stichwortübung — Verarbeitung von vorgegebenen Schlüsselwörtern zur Rekonstruktion eines Textes.

7. Notizen machen — Eigenständige Notierung wesentlicher Stichwörter zu einem Dialog oder narrativen Text.

8. Zusammenfassungen schreiben — Kurze, geschlossene Darstellung der wesentlichen Inhalte eines Textes.

9. Eigene Meinungsäußerungen — **Beispiel**
   – *How would you decide / react . . . ?*
   – *What would be your solution?*

10. Umformungsübung — **Beispiel**
    *Bejahung* → *Verneinung*
    *Present Tense* → *Past Tense*
    *Aktiv* → *Passiv*

11. Einsetzübung mit ‚fading help' — ‚Fading help' bedeutet die schrittweise Zurücknahme von Hilfen.
    **Beispiel**
    *Swedish is spoken in . . . . . . . . . . .*
    *Spanish is spoken . . . . . . . . . . . .*
    *Dutch is . . . . . . . . . . . . . . . . . . .*
    *Italian . . . . . . . . . . . . . . . . . . . . .*

12. Übung mit Vignetten — Sowohl als Wortschatz- als auch als Grammatikübung geeignet. Kleinbilder oder kleine Bildelemente (z. B. Piktogramme) steuern die Übung.

13. Wechselgliedtabelle — **Beispiel**
    *an apple*
    *Can I have a banana, please?*
    . . .
    . . .

| Übungstypen | Kurzkommentar und Beispiel |
|---|---|
| 14. Gelenktes Schreiben | **Beispiel**<br>*Yesterday     Henry     ran     to     the     supermarket*<br>*The other day               went                   bus stop     and there he …* |
| 15. Brief/Postkarte lesen oder schreiben | **Beispiel**<br>Chère Lisa,<br>Merci de ta lettre. Je regrette beaucoup que tu/ne puisses pas … |
| 16. Strukturübersichten mit ‚fading‘ | Vgl. Nr. 11 |
| 17. Frageübung | Fragen stellen und beantworten.<br><br>**Beispiel**<br>*Henry has lost his purse in town.*<br>—1—    —2—    —3—    —4—<br><br>1.  *Who has …?*   2.  *What has he done?*<br>3.  *What has he lost?*   4.  *Where has he …?* |
| 18. Kontrastübung | **Beispiel:**<br>*wear / carry, some / any,* oder:<br>*Bejahung / Verneinung, Present Progressive / Present Tense* |
| 19. Paraphrasierung und Definition | **Beispiel**<br>*A teacher is a man who …*<br>*Taxi drivers drive taxis.*<br>*Le professeur est un homme qui …* |
| 20. Diskussion | Sammlung von Argumenten pro und contra. |
| 21. Übungen zu Kollokationen und Idiomen | Sammeln von festen Wendungen. |

|  | | |
|---|---|---|
| 22. | Übersetzungsübungen | Hin- oder Herübersetzung |
| 23. | Dolmetschübungen | Hin- und Herübersetzung |
| 24. | Phonetikübungen | Meist in Form von Sammlungen, Zuordnungen und Kontrastierungen in Verbindung mit Phonetikzeichen. |
| 25. | Wortbildungsübungen | Mit Vorsilben, zusammengesetzten Wörtern, Lehnwörtern, Gegensatzpaaren etc. arbeiten. |
| 26. | Silbenrätsel, Kreuzworträtsel, Puzzles (mit und ohne Bilder), Anagramme etc. | **Beispiel** L'hrscp d ctt smn (1 x a; 6 x e; 1 x i; 3 x o) Lösung: L'horoscope de cette semaine |
| 27. | Spiele, Songs, Reime, Limericks etc. | |
| 28. | Versprachlichung von Cartoons u. Piktogrammen | |
| 29. | Rezepte, Gebrauchsanleitungen | |
| 30. | Dialoggerippe | Der Part eines Partners muß ergänzt werden. **Beispiel** A: …? B: Yes, thank you, with sugar. |
| 31. | Dialog mit offenem Ausgang | Unterschiedliche Versionen sind zu finden. |
| 32. | Dialog mit offenem Anfang | **Beispiel** *How could it all have begun?* |
| 33. | Strukturieren eines Dialogs | **Beispiel** *Who says what?* Äußerungen (z.B. Sprechblasen) bestimmten Personen zuordnen, dazu Reihenfolge erstellen. |

| Übungstypen | Kurzkommentar und Beispiele |
|---|---|
| 34. Pläne, Skizzen und Grafiken versprachlichen | |
| 35. Zeichnungen auswerten | z. B. für Präpositionen. |
| 36. Bildgeschichten versprachlichen | mit / ohne Textvorgabe, mit / ohne Fragenvorgabe |
| 37. Übungen mit dem Wörterbuch | |
| 38. Bildbeschreibung | **Beispiel**<br>Bild 1: Henry *is washing* the car.<br>Bild 2: It is clean now. Henry *has washed* the car. |
| 39. Kommunikationsauftrag | **Beispiel** (mit Kommunikationsauftrag in der L1)<br>Du kannst dein Buch nicht finden und fragst, ob jemand es gesehen hat. Du sagst: … |
| 40. Rollenspiele | |
| 41. Versprachlichung von Einkaufszetteln, Menüs, Tagebucheinträgen etc. | |
| 42. Quiz | |
| 43. Bilderrätsel | |
| 44. Registerumsetzung | **Beispiel**<br>Gespräch → Bericht u. ä., Inhalte von Formularen, Merkzetteln, Informationsblättern, Postern etc. |
| 45. Bilder mit einmontierten Zahlen | Zur Benennung der Dinge. |
| 46. Sachbilder | |
| 47. Bildvergleiche | **Beispiel** (Vergleich zweier fast gleicher Bilder)<br>*What is missing in this picture? What is in picture 1 but not in picture 2?* |

84

48. Odd man out

Ein nicht passendes item ist nach bestimmten Kriterien auszuordnen.

49. Lautunterscheidung

z.B. Minimalpaare, Reimpaare etc.

50. Übersichten mit Teilvorgaben vervollständigen

z.B. to go – ... – gone; ... – worse – worst.

51. Textvergleiche

Zwei kurze (fast gleiche) Texte werden miteinander in Bezug gesetzt. *What is different in Text 2?*

52. Cloze-Test

Aus einem narrativen Text wird jedes 7. oder 8. Wort herausgenommen. Der Text ist nun zu schließen (closure).

53. Freie Übungen mit Redemittelvorgaben

z.B. bei Rollenspielen.

54. Entscheidungsübung

Es ist zu entscheiden, welche grammatische Form / welches Wort zu wählen (einzusetzen) ist.

55. Satzbautafel

**Beispiel**

| | | |
|---|---|---|
| *Dogs* | *like* | *bones.* |
| *Cats* | *don't like* | *fish.* |
| *Mice* | | *water.* |
| *Ducks* | | *biscuits.* |
| | | *dogs.* |
| | | *cats.* |
| | | *music.* |

56. Reihenübungen

**Beispiel**

*I am going to the market to buy some eggs. – I am going to the market to buy some eggs and some carrots. – I am going to the market to buy …, …, …*

57. Vertauschte Textteile in richtige Reihenfolge bringen

Das folgende Beispiel soll exemplarisch zeigen, wie das eingangs dieses Kapitels angebotene neutrale Erfassungsinstrument eingesetzt werden kann, um die im Lehrbuch oder in anderen Lernmaterialien vorhandenen Übungen kritisch einzuschätzen und damit sinnvoll in den Lernprozeß einzufügen. Gleichzeitig bietet dieses Instrument natürlich eine gute Hilfe, wenn Lehrer *eigene* zusätzliche Übungen erstellen wollen. Man hat damit gleichsam eine Checkliste, die es ermöglicht, alle Aspekte einer Übung zu erfassen. Wie das etwa bei einer **Wortbildungsübung** aussehen könnte, stellt sich anhand des Kontrollrasters so dar:

*Beispiel* **Wortbildungsübung**

| WIE? | WAS? | | | WOZU? | | | | WOMIT? | | | | | | | WO? | | WANN? | | | MIT WEM? | | |
|---|---|---|---|---|---|---|---|---|---|---|---|---|---|---|---|---|---|---|---|---|---|---|
| | Grammatik | Lexik | Phonetik | Hörverstehen | Sprechen | Leseverstehen | Schreiben | Schülerbuch | Workbook | Schülerheft | Bildmedien | Hörmedien | schriftl. Medien | Spielmedien | Klasse | zu Hause | Sprachaufnahme | Sprachverarbeitung | Sprachanwendung | individuell | Partnerarbeit | Gruppenarbeit |
| mündlich | X | | | | X | | | X | | | | | | | X | | X | X | X | X | X | |
| schriftlich | X | | | X | X | X | X | X | X | X | | | | | | | X | X | X | X | X | X |
| imitativ | | | | | | | | | | | | | | | | | X | | | | | |
| kognitiv | | X | | | | | | | | | | | X | | | | | X | | X | | |
| kommunikativ | | | | | | | | | | | | | | | | | | | X | X | | |
| mediengebunden | | X | | | | | | | | | | | | | | | | | X | X | X | |
| trainingsbezogen | | X | | | | | | X | X | X | | | | | | | | | X | X | X | |
| spielerisch | | | | | | | | X | X | X | | | | | | | | | | | | X |
| reproduktiv | | X | | | | | | X | X | X | | | | | | | X | X | | X | X | |
| produktiv | | X | | | | | | X | X | X | | | | | | | | X | X | X | | |

Um es noch anschaulicher darzustellen: Zu denken wäre etwa an eine Wortbildungsübung bzw. eine Reihe solcher Übungen im Hinblick auf die Negativ-Präfixe un-, in- (in + l = ill-; in + m = imm-; in + p = imp-; in + r = irr), dis-, mis-.

*Beispiel*                 **Wortbildungsübung**

Your word-power! What are the opposites of the following nouns, adjectives and verbs? Just put the prefixes in front of them.

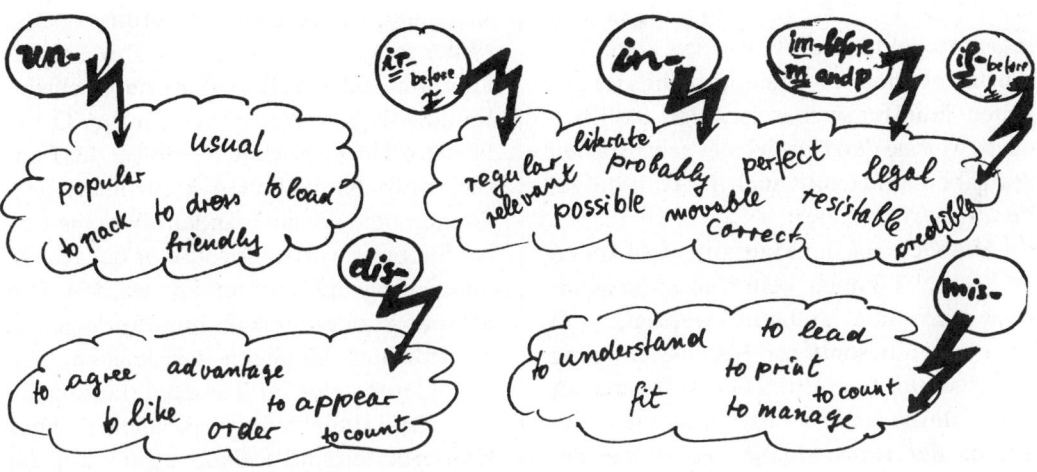

Now use some of these new words in sentences.
Example: I thought it was possible to repair the bike myself. But then I found out that it was ... .

---

Die Überlegungen zu den möglichen Motivierungsschritten im Übungsbereich sollen damit erst einmal abgeschlossen werden. Es soll aber der Hinweis nicht fehlen, daß es natürlich weitere Kriterienebenen gibt, nach denen man die Übungen und das Übungsgeschehen immer wieder neu ordnen könnte. Nennen will ich wenigstens noch die Begriffspaare induktive/deduktive, gebundene/ungebundene, funktionale und intentionale Übungen. Vermutlich gibt es ebenso viele Zuordnungsebenen, wie in der fachdidaktischen Diskussion Unterschiedsmerkmale formuliert worden sind. Krampfhaftes Bemühen um Perfektion und Vollständigkeit hilft hier sicherlich nicht weiter, wohl aber die Einsicht, daß ein gewisser Überblick über die Zusammenhänge beim Übungsgeschehen die Motivierungsarbeit erleichtern kann.

### 4.2 Mündliche und schriftliche Übungen

Für die Überlegungen zu einer Zuordnungssystematik ist zunächst die Grobunterscheidung mündliche und schriftliche Übungen hilfreich. In den Klassen 5–10 haben die mündlichen Übungen Vorrang vor den schriftlichen. Die meisten Übungen in den Lehrbüchern sind deshalb in erster Linie für das mündliche Üben konzipiert. Viele dieser Übungen sind freilich *nach* der mündlichen Bearbeitung auch als schriftliche Übungen verwendbar. Insofern sind die gängigen Lehrbücher *self-teaching,* d.h. sie bieten, gleichsam eingebaut, auch

Material für den schriftlichen Umgang mit den neuen Redemitteln. Dennoch werden von den Verlagen zusätzlich Arbeitsbücher angeboten, die ausschließlich für das schriftliche Üben vorgesehen sind. Sie sind in der Regel fakultativ, werden aber gern hinzugenommen, weil sie zusätzlich inhaltlichen Transfer vorbereiten und natürlich auch, weil sie den Bereich der schriftlichen Aufgaben, und damit auch der Hausaufgaben, vorstrukturieren.

Im Hinblick auf die Hausaufgaben sollen im Kapitel 4.7 noch weiterführende Motivierungsansätze genannt werden, und zwar unter besonderer Berücksichtigung des Mediums Cassette. Hier ist vorerst auf zwei umfassende Publikationen zum Thema der Hausaufgaben zu verweisen: H.J. Schmidt (1984) geht aus schulpädagogischer Sicht sehr dezidiert auf die Hausaufgabenfrage ein, während W. Pauels (1979) diesen Bereich speziell für den Englischunterricht untersucht. Zu den schriftlichen Hausaufgaben – soweit Arbeitsbücher dabei eine Rolle spielen, hier der folgende Vorschlag:

Es wird stets als zeitraubend und lästig beklagt, daß man Hausaufgaben kontrollieren muß. Nun sind aber Hausaufgaben tatsächlich nur sinnvoll, wenn sie – so übrigens auch vom Schüler aus gesehen – ernsthaft überprüft werden und zudem auch nachsehenswert sind. Dazu aus der Praxis ein Tip, der Zeit sparen hilft und motivierend wirkt. Der Overheadprojektor ist bei der Mehrheit der Lehrer heute und auch in den meisten Schulen anerkanntes und in der Regel auch verfügbares Unterrichtsgerät. Wenn im Wechsel jeweils 2 Schüler je eine Leerfolie und einen Folienstift mit nach Hause nehmen, so können sie die Folie auf die entsprechende, noch unbeschriebene Workbook-Seite legen und ihre Hausaufgabe auf die Folie schreiben. Beide Schüler werden sich dabei – so zeigt die Erfahrung – große Mühe geben, denn sie wissen: Ihre Folien-Hausarbeit dient am Anfang der nächsten Stunde als Kontrollvorlage für den Overheadprojektor. Nachdem nämlich der Lehrer vorab beide Folien kontrolliert hat, können beide nacheinander oder eine von beiden per Overheadprojektor der Klasse oder Lerngruppe präsentiert werden. Die Schüler können danach nun ihre eigenen schriftlichen Übungen vergleichen und korrigieren oder im Tauschverfahren die eines Mitschülers. Zwei parallele Folien-Hausarbeiten sind deshalb ratsam, weil ein Schüler immer auch einmal krank werden oder aus sonstigen Gründen fehlen kann. Die „doppelte Besetzung" dient also sozusagen als Pannensicherung.

Es ist bis hierher ganz bewußt etwas ausführlicher vom Umgang mit schriftlichen Übungen die Rede. Das Hauptgewicht bleibt aber bei den mündlichen Übungen. Und auch hierfür gibt es ein reichhaltiges Angebot an Zusatzmedien. Gemeint sind vor allem die Tonträger im allgemeinen und die leicht handhabbare Cassette im besonderen. Letztere hat im L2-Unterricht längst ihren festen Platz, und dieser ist in gleich mehrfacher Hinsicht gesichert: Zum einen durch die Dominanz des Mündlichen, zum anderen, weil wir die Bedeutung der rezeptiven Fertigkeiten, vor allem des Hörverstehens, heute höher einschätzen und schließlich wegen der stets anzustrebenden sprachlichen Authentizität.

## 4.3 Übungen zu den drei Teilsystemen

Am leichtesten fällt es, den Übungsbereich nach Maßgabe der drei sprachlichen Teilsysteme zu strukturieren. Traditionell gibt es Lexik-, Grammatik- und Phonetikübungen. Jeder Praktiker weiß, wie unsinnig es wäre, alle drei Übungsfelder nacheinander zu durchschreiten, denn alle drei Systeme sind trialektisch aufeinander bezogen. Mit jedem einzelnen Wort haben wir zugleich auch eine Reihe von Lauten, und jedes Wort selbst muß ja wiederum im Zusammenhang mit anderen Wörtern, also unter grammatischen Gesichtspunkten gewertet werden. Das gilt in besonderer Weise für die insgesamt rund 350 Strukturwörter des Englischen, wie zum Beispiel Artikel, Pronomen und Präpositionen, die, wie der Mörtel in der Mauer, einem Kontext erst den zusammenhaltenden Sinn geben, zugleich aber auch durch ihn erst ihren Sinn und ihre Daseinsberechtigung erhalten.

Das Problem ist, daß wir, um Wortschatz, Lautbestand und Strukturen üben zu können, dennoch isolieren müssen. Das muß schwerpunktsetzend nach dem folgenden Modus geschehen:

o Neue Laute sind anhand bekannter Wörter zu isolieren und zu üben.
o Neue Wörter sind stets anhand bekannter Strukturen zu üben.
o Neue Strukturen müssen umgekehrt mit bekanntem Vokabular geübt werden.

Die Lehrbücher und Unterrichtsmaterialien verfahren in der Regel nach diesem Prinzip. Zur Vermeidung einer Schwierigkeitenballung muß dieses Prinzip auch weitgehend eingehalten werden, wenn der Lehrer im Zuge des Förderunterrichts eigene, zusätzliche Übungsreihen erstellt.

Das Prinzip der Schwierigkeitendosierung erleichtert dem Schüler zudem auch die Arbeit. Er muß immer wissen, was von ihm verlangt wird. Deshalb ist die eindeutige Aufgabenstellung wesentlich. Es ist dem Schüler ja keineswegs immer bewußt, daß man mit *einer* Übungsform *mehrere* Übungsinhalte transportieren kann und umgekehrt: daß *ein* Übungsinhalt in *mehrere* Übungsformen gepackt werden kann.

Dazu ein Beispiel: Mit der spielerischen Übunsform des *odd man out* oder auch *find the stranger* oder *one is wrong* lassen sich leicht und relativ schnell Phonetikübungen durchführen. Etwa diese: sit – ship – fit – kill – sleep – trim – kiss. *Odd man* ist hier *sleep* mit dem Phonem [i:]. Alle anderen Wörter haben ein kurzes [ɪ], z.B. sit, ship, fit, kill, trim, kiss.

Es spielt also nicht der Wortinhalt eine Rolle und auch nicht die Wortart, nur der Zentrallaut. Und die Schüler benötigen vorab eine klare Aufgabenstellung. Etwa: Listen to the sounds, oder: Pay attention to the [ɪ]-sounds.

Mit derselben Übungsform kann der Lehrer nun auch Wortschatz üben und sichern: Listen to the following words: Which two don't fit? peaches – potatoes – bananas – cherries – oranges – carrots – apples.

*Potatoes* und *carrots* passen nicht in die Reihe der Früchte. Richtig wäre auch (und hier beginnt der Reiz dieser Übungsform): *bananas* und *oranges* sind keine einheimischen Produkte.

Der gesamte Bestand der Begriffswörter läßt sich in dieser Weise sortieren und bestimmten Gemeinsamkeiten oder Unterscheidungsmerkmalen zuordnen, wie z.B. Größe, Farbe, Gewicht, Stand- oder Fundort, Gebrauchswert, Zweck u.v.a. Und

schließlich läßt sich diese Übungsform dann auch noch in grammatischer Hinsicht einsetzen, etwa so:
clever – careful – nice – comfortably – quiet – quick – deep. *Odd man is comfortably:* It's an adverb, the others are adjectives. Wir haben damit *eine* Übungsform für alle drei Teilsysteme im wahren Wortsinn durchgespielt. Gleichzeitig ist uns bewußt: Für alle drei Systeme gibt es eine Fülle von *anderen* Übungsformen. Nicht nur die Lehrbuchautoren, auch wir Lehrer brauchen hier nur ein wenig Phantasie, um sie zu erschließen. Dazu sollen im weiteren noch Anregungen gegeben werden.

### 4.4 Übungen zu den ‚four skills'

Wir erreichen eine weitere Zuordnungsebene, die mit den ‚four skills' abgesteckt ist. Es geht um die Frage, was in welchem Umfang, zu welchem Zwecke geübt werden soll. Was auch immer die kommunikationsorientierten Überlegungen für das methodische Vorgehen ratsam erscheinen lassen, sprachlernpsychologische Gegebenheiten zwingen die skills in das folgende zeitliche Nacheinander: Hörverstehen, dann Sprechen, dann Lesen, dann Schreiben. Damit wird hier wieder aufgegriffen, was schon in Kap. 2.3 Gegenstand der Reflexion war. Die oben genannte Abfolge ist deshalb ebenso eine sprachlernpsychologische wie eine didaktisch-methodische, weil sie dem Prinzip des Erstsprachenerwerbs entspricht. Jeder Mensch hat zuerst Sprache hörend und verstehend aufgenommen, dann nachvollzogen, dann vollzogen, später dann gelernt, um sie auch in geschriebener Form zu verstehen, um sie schließlich dann selbst zu Papier zu bringen.

Diesen Weg müssen wir im Prozeß der schulisch organisierten Fremdsprachenvermittlung in abgekürzter Form immer wieder neu beschreiten, in abgekürzter Form deshalb, weil der Prozeß des Muttersprachenerwerbs eine für jedes Individuum einmalige, nie wiederholbare, eigentlich mit einem Wunder vergleichbare Phase der Sozialisation ist. Der naive Weg der „natürlichen Methode" erweist sich als Irrweg. Wir können ihn nur gerafft und abgekürzt nachmodellieren, dies auch schon aus Zeitgründen. Und eben das bedingt die Hinzunahme der Kenntnisse, d. h. erst Einsichten in Regelmäßigkeiten und damit Regeln, kommunikative und situative und auch linguistische Gesetzmäßigkeiten ermöglichen die Raffung und Abkürzung, die wir im Unterricht gehen müssen. Der stets lebendige Dreierbezug von Fähigkeiten, Fertigkeiten und Kenntnissen führt erst zu dem von uns angestrebten Sprachkönnen. Dieses Sprachkönnen geht immer über das Verstehenkönnen und Sprechenkönnen. Wichtig ist, daß man auch das Hörverstehen als eine produktive linguistische Leistung würdigt. Der Hörer ist immer Mitvollzieher des Gesprochenen. Seine Hörverstehensleistung ist möglich, weil er potentieller Sprecher ist (oder es sein könnte). Er beweist das dadurch, daß er den Satz des Partners vollenden kann, wenn dieser den Faden verloren hat. Er kann das fehlende Wort zureichen, wenn der Partner danach sucht. Auf ein *neither* erwartet er ein *nor,* auf ein *either* ein *or.*
Die Dominanz des Mündlichen hat unterrichtliche Konsequenzen insofern, als vom Lehrer wie auch vom Schüler Lebendigkeit, Spontaneität, Schnelligkeit, Flexibilität und Reaktionsfähigkeit vorausgesetzt

werden müssen. Im mündlichen Unterricht benötigt der Lehrer fast suggestive Kräfte, aber auch Organisationsvermögen. Um ein neues Wort oder eine neue Wendung einzuführen, muß auch Ruhe hergestellt werden, müssen solche kommunikative Tugenden gepflegt werden wie: das genaue Hin- und Zuhören; den anderen ausreden lassen; nur soweit korrigieren, daß seine Redebereitschaft nicht unterdrückt wird. Es muß Bereitschaft zum Sprechen ebenso gefordert und erhalten werden wie die Bereitschaft, sich ansprechen, sich „in Anspruch nehmen" zu lassen. Für den Bereich des mündlichen Unterrichts sind mit Sicherheit noch längst nicht alle Mittel und Möglichkeiten ausgeschöpft.

## 4.5 Imitativ-reaktive und systematisierend-kognitive Übungen

Eine weitere, zwar grobe, aber dennoch nicht unwesentliche Unterscheidung besteht in der Gegenüberstellung von imitativ-reaktiven und systematisierend-kognitiven Übungen. Diese Unterscheidung geschieht nach Maßgabe von erforderlichen Lernschritten in sprachlernpsychologischer Sicht. Die imitativ-reaktiven Übungen gehen den systematisierend-kognitiven in der Regel voraus. Jede neue Vokabel und jede Struktur muß erst einmal nachgesprochen, nachvollzogen, vom Schüler auch sozusagen „in den Mund genommen" werden. Nach jeder Erstpräsentation eines neuen Redemittels wird der Schüler immer zunächst zum Nachvollzug aufgefordert. Das geschieht in der Praxis durch solche Aufforderungen wie *Could you repeat that, please?* oder *Say it again, will*

*you?* Drillförmige und kettenartig angelegte mündliche Übungssequenzen schließen zunächst das Nachdenken über ein neues sprachliches Phänomen aus. Erst nach hinreichender Sicherung einer spontan-reaktiven Aufnahme der neuen Redemittel durch den Schüler werden – immer proportional zum schon vorhandenen Volumen – kognitive Komponenten zur Unterstützung, Sicherung und Klärung hinzugenommen. In den Lehrbüchern für den Anfangsunterricht spiegelt sich das wider: Immer geht der Weg vom *Situativen* über das *Kognitive* zum *Kommunikativen*. Die ersten Übungen einer Lehrbucheinheit sind in der Regel mehr imitativ orientiert, die weiteren kognitiv und die letzten mehr kommunikativ.

Das Verhältnis von imitativ-reaktiven und systematisierend-kognitiven Zugängen war im Rahmen der fachdidaktischen Reflexion über den Englischunterricht an Hauptschulen über Jahre hinweg Gegenstand kontroverser Diskussionen. Namhafte Vertreter befürworteten eine Bevorzugung des imitativ-reaktiven Lernens (vgl. z.B. Gutschow 1978, S. 21). Nach ersten grundlegenden Überlegungen zu einer Neuorientierung des Englischunterrichts an Hauptschulen und einer damit verbundenen Forderung nach einer stärkeren Gewichtung des Rezeptiven (vgl. Reisener 1972, 1973, 1979) mehrten sich Stimmen, die vor einer Vernachlässigung des Kognitiven auch und gerade im Hinblick auf den lernschwächeren Schüler warnten. Die deutlichste Sprache unter ihnen spricht G. Walter (1979, S. 44). Sie weist darauf hin, daß unter dem überhöhten Anspruch eines fortschrittlichen, d.h. situativen und einsprachigen Unterrichts zu viel Zeit mit blindem Üben vertan wurde. Allein durch mechanisch-imitatives Sprechen und monotone Pattern Practice und ohne Einsicht in die sprachlichen Zusammenhänge könne man den Hauptschüler keineswegs zu einer spontanen, situationsadäquaten Sprachverwendung führen. Gerade weil der Hauptschüler es bereits in der Muttersprache nicht gelernt hat, sprachliche Zusammenhänge zu reflektieren, könne man fairerweise von ihm nicht erwarten, daß er sprachliche Gesetzmäßigkeiten in der Fremdsprache induktiv erfasse und nach entsprechender Übungsphase funktionsgerecht anwende. Die Lernprozesse bedürften der kognitiven Stützung. Hauptschüler seien weder Papageien noch Skinnersche Versuchstiere.

In seiner Dissertation bringt H. Kaspar (1982) viele weitere empirische Belege zu diesem Zusammenhang. Brockhaus (1980) wies zudem auf die lernpsychologischen Gefahren einer unüberlegten Stoffreduzierung hin.

Was die Geister im Grundsätzlichen scheidet, bringt sie im Konkreten glücklicherweise weitgehend wieder zusammen, denn für die Ebene der Übungen fordert auch Gutschow (1978, S. 101), daß entgegen dogmatischer Verengung formale, kommunikative und situative Übungen gleichermaßen zu verwenden seien. In der Tat ist die Einsicht wichtig, daß im Übungsbereich beide Seiten ihr Recht verlangen. Dies wird von Littlewood (1984, S. 76f. und S. 90f.) nachhaltig unterstützt. Er nimmt die Unterscheidung *conscious* und *subconscious aspects* vor. Im Zusammenhang mit den *subconscious aspects* ist meist von *acquisition* die Rede, während bei den *conscious aspects* eher von *learning* gesprochen wird. Lernfortschritte stellen sich nicht nur ein, wenn der Lerner bewußte Lernanstrengungen unternimmt. Sie zeigen sich auch infolge von spontanen, unbewußten Reaktionen, die ausgelöst werden, wenn der Lerner im Rahmen der Zielsprache kommunikativ gefordert wird. Auf der Bewußtseinsseite geht es u. a. um die Spezifizierung der zu lernenden Dialoge, um die zu übenden Strukturen und um die zu speichernden Vokabeln. Auf der imitativ-reaktiven Seite geht es dagegen darum, daß der Lernende nicht auf die Sprache selbst ausgerichtet ist, sondern auf die durch sie erfolgende Mitteilung von Bedeutungen und Nachrichten.

### 4.6 Kommunikative Übungen

Im folgenden ist auf eine weitere Kriterienebene einzugehen, die der kommunikativen Orientierung. Man geht auf dieser Ebene von dem obersten Leitziel der Befähigung zur Kommunikation in der Fremdsprache aus und ordnet die unterschiedlichen Übungen und Aufgaben bestimmten Stufen der Hinführung zur kommunikativen Befähigung zu.

Ein solches Stufenmodell bietet Piepho (1978)* an:

o Nach Piepho sind Übungen zunächst unter dem Gesichtspunkt zusammenzufassen, inwieweit sie Kommunikation *vorbereiten*. Dazu gehört das Einführen der neuen Redemittel, das zuordnende

---

* An anderer Stelle hat Piepho diese Klassifizierung wieder eingeschränkt (Detering u. a. 1978, S. 78–88).

Bündeln von Wortschatz, das Einprägen und sinnentnehmende Wiedererkennen von *utterance-patterns*.

o Auf der zweiten Stufe finden wir solche Übungen, die Kommunikation *aufbauen*. Komplexe Sprachhandlungen werden in Teiltätigkeiten zerlegt, einzeln und nacheinander vermittelt und am Ende in modellhaft angelegten Kommunikationssituationen wieder zusammengeführt.

o Auf der dritten Stufe begegnen wir solchen Übungen, die Kommunikation *strukturieren*. Kommunikationsabläufe werden bewußt gemacht, die kommunikativen Intentionen und die sprachlichen Funktionen einander zugeordnet bzw. aufeinander bezogen. Durch eigene kommunikative Handlungsversuche der Schüler werden die Strukturmodelle dann erprobt und gegebenenfalls verbessert.

o Auf der vierten Stufe finden wir dann jene Übungen vor, die Kommunikation *simulieren*. Nach dem Durchschauen von kommunikativen Handlungen werden eigene Varianten entworfen und im Plan- und Rollenspiel durchgespielt.

o Auf der fünften, der obersten Stufe sind wir angekommen, wenn wir Übungen haben, die bereits Kommunikation *sind*, wenn also Schüler den einsprachigen Unterricht auch dahingehend meistern, daß sie – etwa im Unterrichtsgespräch – Regelungen und Meinungsäußerungen in der Zielsprache frei organisieren. D.h. die Schüler können nun schlüssig formulieren, rational argumentieren, sich in der fremden Sprache Notizen machen, Texte entschlüsseln und darüber sprechen, Referate halten und eben alles tun, was man unter kommunikativem Handeln versteht.

Nimmt man dieses Stufenmodell nüchtern in den Blick, so muß man einräumen, daß sich die Mehrheit der Übungen und Übungstätigkeiten auf den Vorstufen der Kommunikation bewegt, daß wir Kommunikation immer anstreben müssen, daß wir aber in unseren Stunden nur wenige „Sternminuten" tatsächlich geglückter Kommunikation erleben. Es wäre also eine fahrlässige Annahme, die davon ausginge, daß die Schüler im L2-Unterricht der Sekundarstufe I autonom kommunizierten. Und es ist illusorisch, Übungen aus diesem Unterricht zu verdammen, die nicht primär kommunikativ sind. So sehr man dies bedauern mag, nüchtern betrachtet ist Unterricht nun einmal eine durch und durch künstliche Veranstaltung. Gutschow führt in diesem Kontext aus: „Auch der ausgefeiltesten Methode wird es kaum gelingen, innerhalb der Schule – außer in einigen glücklichen Sonderfällen – eine Kommunikationsfähigkeit zu erreichen, die sich an der außerschulischen Wirklichkeit messen ließe. Die weitgehend durch Imitation und Simulation, Rollenzuweisung und Motivationsprobleme bestimmte Künstlichkeit des Unterrichts setzt den Transfermöglichkeiten Grenzen." (1981, S. 66) Und u.a. sagt auch Littlewood dazu aus: "The learning activities themselves are to equip the learner with some of the skills required for communication, without actually requiring him to perform communicative acts. The criterion for success is therefore not so much whether he has managed to convey an intended meaning, but rather whether he has produced an acceptable piece of language." (1981, S. 8)

Was demnach auf der Übungsebene geschehen muß, damit ein solides Fundament für eine wie auch immer begrenzte Kommunikationsfähigkeit in der Fremdsprache erstellt werden kann, läßt sich am deutlichsten mit den folgenden vier Punkten umreißen:

1. Es muß zunächst einmal sichergestellt sein, daß jeder Partner den anderen überhaupt hinreichend *versteht*.
2. Es müssen die Kommunikationspartner über ein ausreichendes *Lexikreservoir* verfügen, dazu aber auch über das Vermögen, Lexiklücken durch Umschreibung, Definition und Kontexteinbettung zu umgehen.
3. Es bedarf der *Sicherheit im strukturellen Bereich*, zugleich aber auch einer gewissen Beweglichkeit, vorübergehende oder partielle Unsicherheiten zu überbrücken.
4. Es muß jeder Partner dem Thema gemäß und seinem Gegenüber angemessen *sprachlich reagieren* können.

Diese vier Grundsätze gelten für direktinteraktives Kommunizieren schlechhin, für die Kommunikation in der Fremdsprache aber ganz besonders.

## 4.7 Medienbezogene Übungen

Eine weitere Ebene der Zuordnungssystematik ergibt sich aus dem Medienbezug. Viele Lehrer stöhnen darüber. Der L2-Unterricht bürdet ihnen eine Medienlast auf. Nicht selten stellt sich eine Medienverdrossenheit ein. Manchem Kollegen muß Mut zugesprochen werden. Warum der Medieneinsatz unverzichtbar ist, wurde im Kapitel 2.8 kurz angesprochen.

Eine umfassende und gründliche Bearbeitung dieses Feldes haben Groene/Jung/Schilder (1983) geleistet. Was aber macht die Praxisprobleme des Medieneinsatzes aus? Da sind Dias, Wandbilder und Flashcards zu ordnen, auszuwählen und bereitzulegen. Schallplatten, Tonbänder und Cassetten müssen herausgesucht werden und präsent sein. Alles muß so organisiert sein, daß zum rechten Zeitpunkt innerhalb der Stunde das richtige Bild oder die richtige Stelle auf dem Tonträger gleichsam auf Knopfdruck abrufbar sind; bei audiovisuellen Verfahren Bild und Ton sogar simultan. Aber nicht nur die kommerziellen, dem Lehrbuch zugeordneten Medien stellen ihre Anforderungen an die Organisationskompetenz der Kollegen: Der engagierte Fachlehrer nutzt auch noch seine Privatsammlung, z.B. Fahrkarten, Briefmarken, Postkarten, Dias, Souvenirs aller Art. Dazu kommen solche Medien wie Zusatzlektüren, Zeitungsausschnitte, Schulfunksendungen und Filme. Die vielen Medien führen oft zu der Gefahr, daß sich im Unterricht hektische Geschäftigkeit und wirbelnde Betriebsamkeit ausbreiten und das ruhige, konsequente, zielstrebige und kontinuierliche Arbeiten verdrängen. Man kann des Guten sicherlich auch zuviel tun. Kollegen mit übergroßem Medieneifer kann es passieren, daß sie sich hinter einer Barrikade moderner Medien wiederfinden und den direkten Kontakt zu den Schülern verloren haben. Mit der Frage nach dem Stellenwert der Medien beim Üben und bei der Bereitstellung von Übungsmaterialien bewegen wir uns auf der methodischen Reflexionsebene. Die Frage könnte auch lauten: *Womit* und *wie* soll geübt werden? *Das Ziel bestimmt den Weg, der Inhalt die*

*Form.* Eine Hörverstehensübung verlangt die Tonvorlage, also ein auditives Medium. Das Üben eher freier und komplexer Äußerungen wird dagegen unterstützt durch bildliche Darstellungen, während sequentielle und narrative Äußerungen sich mit Phasendarstellungen und Bildfolgen üben lassen. Dem einzelnen Begriff ist die bildliche Einzeldarstellung zuzuordnen. Und dabei ist noch die technische Art der Darstellung zu beachten. Es gibt Zeichnungen, Skizzen, Karten, Cartoons, Poster, Piktogramme, Symbole, Fotos, Fotomontagen und natürlich alle möglichen Mischformen. Man sollte dabei übrigens nicht die eigene Darstellung an der Wandtafel vergessen. Zwar sind Tafel und Kreide keine rasanten Technologien, aber sie behalten wegen ihrer zuverlässigen Verfügbarkeit ihren gesicherten Platz in den Vermittlungsprozessen und im Übungsgeschehen (vgl. dazu Gutschow 1980, Byrne/Hermitte 1984).

Im Kapitel 4.2 war schon kurz auf die Cassette als Medium eingegangen worden. Hier sollen nun einige ausführlichere Hinweise zu diesem wichtigen Unterrichts- und Arbeitsmittel folgen (vgl. dazu auch Ur 1987).

Engagierte Fachkolleginnen und -kollegen haben in den letzten Jahren ein weiteres Feld erschlossen: Sie haben den Wert der Toncassette als Übungsinstrument erkannt und sind hier praktisch-forschend erfolgreich tätig geworden.

Eine im Rahmen eines Modellversuchs im Emsland durchgeführte Untersuchung, die sich auf 1.480 Schüler der Haupt- und Realschule bezog, hat ergeben, daß 98% der Befragten zu Hause über einen Cassettenrekorder verfügten. Die restlichen Schüler konnten nachweisen, daß es ihnen ohne Schwierigkeiten möglich war, mit einem Klassenkameraden zusammenzuarbeiten.

Die Forderung, daß Cassettenrekorder stärker und gezielter im L2-Unterricht eingesetzt werden sollten, und zwar nicht nur im schulischen Unterricht, sondern auch bei der Arbeit zu Hause, ist deshalb durchaus realistisch. Krömer betont: „Der Cassettenrekorder ist im Gegensatz zum Spulenbandgerät klein und handlich. Er kann auch sehr bequem transportiert werden. Durch Batterien kann er auch unabhängig vom Stromnetz betrieben werden und ist so noch flexibler, vielseitiger und ohne großen technischen Aufwand einsetzbar. Durch planmäßigen und regelmäßigen Einsatz während des Unterrichts und bei der häuslichen Arbeit trägt dieses Gerät wesentlich zur Optimierung der Lern- und Lehrprozesse bei. Es fördert das selbständige Arbeiten und regt das Interesse an Themen an. Individuelles Arbeiten mit dem Cassettenrekorder ermöglicht die Rücksichtnahme auf das Lerntempo des einzelnen Schülers, auf sein Kurzzeitgedächtnis und auf den individuellen Lernstil." (1984, vgl. dazu auch die Argumente von Ankerstein/Schubert 1982.)

An weiteren Vorzügen sind aufzuzählen: Der Cassettenrekorder erlaubt es, die Informationsdarbietung und ihre Verarbeitung unendlich oft zu reproduzieren. Diese Reproduzierbarkeit ermöglicht wiederum eine Objektivierung der Eigenbeurteilung. Ein weiterer Aspekt ist mit der Multiplizierbarkeit gegeben. Durch das Vervielfältigen kann man allen Schülern den gleichen Text, z.B. für die Hausarbeit, an die Hand geben. Das bekannte Problem, nämlich die gemeinhin anzutreffende Schülermeinung, mündliche Hausaufgaben seien keine richtigen Hausaufgaben, wird dadurch gelöst, daß das Medium Cassettenrekorder eine Kontrolle in sich darstellt. Als Fazit kann also erst einmal gelten: Der Cassettenrekorder intensiviert nicht nur den Unterricht, indem er jedem einzelnen Schüler die Chance bietet, mehr Redezeit als im traditionellen Unterricht zu erlangen, er macht auch die Hausarbeit zur echten sprachlichen Aufgabe.

Für den Einsatz des Cassettenrekorders im Unterricht bieten sich u. a. die folgenden Möglichkeiten konkret an:

o *Hörübungen zur Diskrimination*
Den Schülern werden Wörter mit ähnlich klingenden Lauten vorgesprochen, und sie müssen herausfinden, um welche Laute es sich dabei handelt.

o *Übungen zum Hörverstehen*
Unbekannte Texte werden je nach Bedarf, Schwierigkeit und Länge mehrmals per Cassette präsentiert, danach erfolgt die Verstehenskontrolle durch Fragen.

o *Nachsprechübungen*
Wörter und Äußerungen werden nachgesprochen, um Betonung, Sequenzierung, Phrasierung, Verschleifungen und Geläufigkeit zu üben.

o *Lesestück-Bearbeitung als Sprechübung*
Hier bieten sich mehrere Möglichkeiten an. Die Cassette wird in der Darbietungsphase vorgespielt und man verzichtet dabei bewußt auf Mimik, Gestik und paralinguistische Hilfestellungen. Beim Einlesen läuft, um Klang- und Schriftbild zu assoziieren, die Cassette ab, während die Schüler still mitlesen. Sodann werden Eigenkontrollaufgaben angeboten: Die Schüler lesen einzeln einen Text oder eine Textpassage auf die Cassette, die Ergebnisse werden anschließend von ihnen selbst oder von anderen Gruppen kritisch abgehört und korrigiert. Einzelne Sätze werden abwechselnd von einem Muttersprachler und einem Schüler gesprochen, anschließend miteinander verglichen.

o *Dialogarbeit*
Dialoge sind ja primär dadurch gekennzeichnet, daß die einzelnen Äußerungen vorwiegend kurz sind, daß nicht unbedingt vollständige Sätze gebraucht werden müssen, daß der Sprecher die sofortige Reaktion des Hörers erwartet, daß der Hörer entsprechend schnell verstehen muß, um reagieren zu können, daß die Rollen von Sprecher und Hörer ständig wechseln. Alle diese dialogischen Fertigkeiten sind nicht mit geschriebenen Dialogen, die dann mit verteilten Rollen vorgelesen werden, zu erreichen. Hier benötigen wir den Cassettenrekorder als unverzichtbares Hilfsmittel zur ständigen Dokumentation des jeweiligen Standes der Fertigkeitenbeherrschung und zu gezielten Korrekturmaßnahmen.

o *Lektürearbeit*
Immer mehr Verlage gehen nicht von ungefähr dazu über, zu ihren Lektüren auch Begleitcassetten anzubieten. Auch bei der Lektürearbeit ist der Cassettenrekorder ein didaktisch und methodisch bereits eingeplantes Hilfsmittel.

So gibt es viele gute Gründe für die folgende Forderung:

Es sollte eine Selbstverständlichkeit sein, daß eine Schule über hinreichend viele Cassettenrekorder verfügt. Wenn das noch nicht überall der Fall ist, so sollten die örtlichen Fachkonferenzen ihren Ehrgeiz daransetzen, anläßlich der Beratungen der jährlichen Lehrmitteletats ihre berechtigten Ansprüche anzumelden. Man sollte auch nicht den gefürchteten, aber in Wirklichkeit kaum bestehenden technischen Aufwand beim Umgang mit diesem Medium scheuen. Angesichts des Primats des Mündlichen muß die Dokumentation der gesprochenen Sprache und die anschließende Korrektur mindestens ebenso selbstverständlich sein wie der gewohnte Dokumentations- und Korrekturaufwand im schriftlichen Bereich.

Auch die zunächst zu beobachtende Scheu beim Vorspielen der eigenen, auf Band gesprochenen mündlichen Leistung des Schülers verliert sich erfahrungsgemäß schnell. Viel leichter und schneller wird vom Schüler eingesehen, daß Fehler eine Lernhilfe sein können. Der Fehler ist zunächst zwar peinlich, aber er ist eben festgehalten, dokumentiert, also faßbar, beschreibbar und damit besser korrigierbar. Er verhallt nicht im Raum. Man kann ihn einkreisen und bekämpfen. Fremdsprachenlehrern fällt mehr die Funktion von Lerndiagnostikern und Lernberatern zu. Dem drohenden Rotstift ist ein Teil seiner Macht genommen. Schon im Anfangsunterricht sollte der Schüler deshalb über eine Hausarbeitscassette und über die Jahrgangscassette zum Lehrbuch verfügen. Die Hausarbeitscassette sollte im Prinzip auch das vom Lehrer gesprochene Vokabular enthalten. Das erleichtert es dem Schüler, den in der Schule eingeführten Wortschatz im privaten Bereich wieder aufzunehmen.

Zum Schluß noch das wichtige Argument der *Redezeit* im L2-Unterricht: Es gibt darüber zahlreiche Untersuchungen. Aber jeder Fachkollege kann sich darüber aus seinem eigenen Unterricht Gewißheit verschaffen, wenn er gelegentlich einmal während der Stunde das Band mitlaufen läßt: Auf den einzelnen Schüler kommt nur eine ganz minimale durchschnittliche Redezeit. Nehmen wir einmal an, daß sich pro 45-Minuten-Lektion 20 Minuten Gesamtredezeit ergeben. Räumen wir dem Lehrer, wie die Beobachtungen zeigen, 50% dieser Redezeit ein, so müssen sich die Schüler den verbleibenden Rest von 8 bis 10 Minuten teilen. Nun kommt es noch auf die Klassenstärke oder Gruppengröße an, und wir können ermessen, wieviel Redezeit dem Einzelschüler tatsächlich bleibt. Dabei ist noch zu bedenken, wie unterschiedlich die Schüler sich am mündlichen Unterricht beteiligen. Es ist eine Erfahrung der Praxis, daß ein Lehrer von dem einen und anderen Schüler im wahrsten Wortsinn „lange nichts gehört hat". Dies kann die Cassette gezielt ausgleichen. Wenn ein Schüler dem Lehrer zum Wochenende statt des Hausheftes (zum fehlersuchenden Nachsehen) eine mit Hausaufgaben besprochene Cassette zum Abhören mitgibt, so bekommt der Lehrer eine Möglichkeit zur Förderung dieses Schülers in seinen mündlichen Teilleistungen. Dieses Verfahren ist letztlich eine Frage der Organisation, nicht des Arbeitsaufwandes.

Es wäre hier nun der Ort, im Anschluß an das Medium Cassette das Übungsinstrumentarium Sprachlabor zu behandeln. Schließlich ist die neue Sprachlabor-Generation technisch weitgehend auf die Benutzung von Cassetten hin ausgelegt. Ein Eingehen auf das Sprachlabor würde den Rahmen dieser Arbeit jedoch sprengen. Ich verweise deshalb auf die entsprechenden Literaturempfehlungen innerhalb der Publikation von Groene/Jung/Schilder (1983). Eine weitere Literaturempfehlung sei so-gleich im Hinblick auf die Rolle und Funktion des Mediums Computer genannt, die B. Rüschoff (1986) erarbeitet hat (vgl. zum Medium Video Lonergan 1987).

## 5. Leitmedium Lehrbuch

In diesem Kapitel soll gefragt und untersucht werden, was das Lehrbuch im Hinblick auf die Motivation und Motivierung zum Lernen einer L2 leistet oder leisten sollte. Dabei gehe ich von der Einsicht aus, daß auf der Sekundarstufe I das Lehrwerk, d.h. das Lehrbuch mit seinen Zusatzmedien, nach wie vor unverzichtbares Leitmedium des L2-Unterrichts ist.

### 5.1 Formale Kriterien

Es ist generelle Regelung, daß die geforderten und erwarteten Lernprodukte von den bildungs- und schulpolitisch verantwortlichen Instanzen bestimmt werden. Hierzulande sind dies die einzelnen Bundesländer. Sie formulieren ihre Lernproduktforderungen in Rahmenrichtlinien oder Rahmenlehrplänen, die dann jeder Schüler gleichsam „zu spüren" bekommt. Die Dominanz der Lernproduktorientierung in den Forderungen der Länder wird auf dem Sektor des Fremdsprachenunterrichts am besten deutlich, wenn man die entsprechenden, inzwischen allenthalben neu erarbeiteten Richtlinien der meisten Länder synoptisch betrachtet. Sie bestehen im wesentlichen aus sechs einander zugeordneten Katalogen von Pensen, die auf *additives* Wachstum hin angelegt sind. Gemeint sind:

– Sprechintentionen
– Situationen
– Sachthemen
– Textarten
– Wortschatz
– Grammatik

Dazu werden meist generell gehaltene Aussagen gemacht über die Wege, auf denen diese Ziele erreicht werden sollen oder können. Das sind in der Regel Empfehlungen für

– die Schulung des Hörverständnisses
– die Schulung des Leseverständnisses
– die Schulung der Sprechfertigkeit
– die Schulung der Schreibfertigkeit
– die Vermittlung des Wortschatzes
– die Vermittlung der Grammatik
– die Berücksichtigung von Arbeitstechniken
– den Einsatz von Medien
– Maßnahmen der Differenzierung, der Leistungsfeststellung und -bewertung.

Diese vom Staat bestimmten Vorgaben können im Kontext der Reflexion und Diskussion über die Motivation nicht hoch genug in Rechnung gestellt werden, denn sie wirken

a) in jedes fachdidaktische Seminar,
b) in jede Unterrichtsstunde und
c) in die Gestaltung jeder Lehrbuchseite hinein.

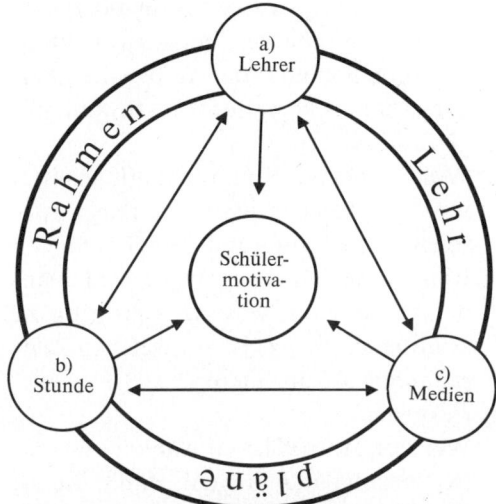

Lehrwerkhersteller und Lehrbuchautoren teilen angesichts der Tatsache, daß ihre Bücher bildungspolitische Kompromißprodukte sein müssen, nur allzu gern Erich Kästners Warnung, daß Schulbücher nicht auf dem Berge Sinai geschrieben werden. Sie wissen: Im Mittelpunkt fremdsprachlicher Medienorganisationen steht das Lehrwerk. Zentraler und tragender Werksteil ist darin das Lehrbuch, dem die adjunktiven Materialien, wie z. B. unterschiedliche Bild- und Tonträger, je nach Intention und Funktion zugeordnet sind. Da Lehrmaterialien in Deutschland eine Ware auf dem freien Markt sind, müssen die Lehrwerkverlage aus Wirtschafts- und Kostengründen das immer schwieriger werdende Kunststück vollbringen, föderalistisch und bildungspolitisch tragbare sowie akzeptable Kompromißprodukte zu erstellen. Dabei sind nach Möglichkeit die jeweils jüngsten Erkenntnisse der Sprachlehrforschung, der Lernpsychologie und der daraus resultierenden unterschiedlichen methodischen Konzeptionen ebenso miteinander in Einklang zu bringen wie die oben angesprochenen divergierenden Vorgaben und Auflagen der einzelnen Länder. Denn schließlich behalten die Kultusbehörden der Länder es sich vor, ein Lehrwerk nach geheimen Gutachten- und Analyseverfahren und sodann nach eigenem Ratschluß zuzulassen oder abzulehnen. Damit ist ausgesagt: Der Staat bestimmt nicht nur was, in welcher Zeit, mit wie vielen Schülern in einem Raum durch einen wie gut auch immer qualifizierten Lehrer organisiert gelernt wird, er bestimmt weitgehend auch, welche Medien und Materialien dazu vom Schüler wie vom Lehrer in die Hand zu nehmen sind. So suchen die Lehrwerkhersteller und die für sie tätigen Autoren nach dem kleinsten gemeinsamen Nenner, um ihre Ware „an die Frau/an den Mann" zu bringen. Zwar ist im Hinblick auf das Schulbuch der Schüler der Adressat, jedoch entscheidet er selbst nur in den seltensten Fällen mit. Was auf den Schüler tatsächlich positiv wirkt, sei es die äußere Aufmachung eines Buches, die Textsortenvielfalt, Themenwahl und schließlich das Übungsangebot, kann immer erst ermittelt werden, wenn das Lehrwerk schon eingeführt ist. Und mit der Einführung ist wegen der nicht billigen adjunktiven Materialien ein Zementierungseffekt verbunden, der zu einer durchschnittlichen Laufzeit von zehn Jahren führt. Das beinhaltet stets auch die Gefahr, daß die Zeit gegen das Lehrwerk arbeitet. Dies kann sich negativ auf die Motivation der Schüler auswirken. Die u. U. wachsende Unzufriedenheit von Schülern und Lehrern mit einem seit längerem benutzten und dadurch eventuell nicht mehr zeitgemäßen Lehrwerk läßt sich keineswegs dadurch aufheben, daß man sich total vom Lehrwerk löst. Die Probleme sind noch längst nicht vom Tisch, wenn Fachkollegen oder Fachlehrerteams dazu übergehen, die auf dem Medienmarkt neben den Lehrwerken frei verfügbaren Materialien herzunehmen und zu Batterien von Arbeitsmitteln zusammenzutragen, um sie dann für die Belange und Bedürfnisse des eigenen Unterrichts selbst zu „didaktisieren" oder „umzufunktionieren". Dies gilt zumindest so lange, wie der Lehrgang der Sekundarstufe I sein Recht verlangt (vgl. Rautenhaus 1985). Man kann nicht ohne weiteres irgendwelche neue Pensen hernehmen und damit irgendwelche alte Pensen mitüben. Das muß in sinnvoller Weise geschehen. Hierin erweist sich die Qualität eines guten Lehrwerks, nämlich daß es lehrgangsgemäß neue Pensen oder Teilpensen so einführt, daß damit zuvor bearbeitete Teile sogleich „umgewälzt" werden können. Vom guten Lehrwerk ist deshalb die optimale Verwirklichung des zyklischen Prinzips zu erwarten, und zwar in dreifacher Hinsicht, nämlich in bezug auf die Grammatik, die Lexik und auch auf die Phonetik. Dieser Zusammenhang ist ausführlich im Kapitel 2.4 angesprochen worden. In diesem Kontext sind daher weitreichende Grundsatzentscheidungen zu fällen, die – in Anlehnung an Hecht (1974) mit den folgenden Fragen grob zu skizzieren sind:

o *Restriktion*
Was kann weggelassen werden (Lexik, Grammatik), ohne daß sprachliche Authentizität und Kommunikationsfähigkeit beeinträchtigt werden?

o *Selektion*
Was ist von der kommunikativen Funktion her (Frequenzwerte) unabdingbar, von der Lernbarkeit her als vertretbar und zumutbar und vom Aufbau des Lehrgangs her als konstitutiv auszuwählen?

o *Gradation*
Welche neuen Kommunikationsmittel sind mit welchen alten zu transportieren? Was ist aufgrund der Gefahr von Binneninterferenzen länger voneinander zu trennen, was ist rechtzeitig zu kontrastieren, was ist auf welchen Zeitraum hin zu konzipieren?

o *Präsentation*
Welcher Ansatz ist zu wählen? (Auditiv, visuell, audiolingual, audiovisuell; listening comprehension, reading comprehension, watching comprehension, various mixtures).

o *Übung/Transfer*
Welche Übungen und Übungstypen sind geeignet? Welche Übungen passen zusammen? Welche Sequenzierung ist vorzunehmen?

o *Kontrolle*
Mit welchen Kontrollmaßnahmen lassen sich die Unterrichtserfolge so ermitteln, daß sich Aufschlüsse für Differenzierung, Individualisierung und Förderunterricht ergeben?

Konkrete Antworten auf alle diese Fragen kann bisher nur das Lehrwerk geben. Das Fachlehrerteam oder gar der einzelne Lehrer dürfte die entsprechende materielle Umsetzung neben der täglichen Unterrichtsarbeit kaum leisten können. Es ist vorerst auch die Frage, ob andere Medienverbundsysteme den Bezug aller Bedingungsvariablen aufeinander ohne Überlastung oder gar Überforderung der Lehrer so gründlich und konsequent leisten können, daß der Lehrgang solide bleibt. Vielen Fachlehrern und Fachlehrergremien erscheint es allerdings angesichts des vielfachen Angebots neuer Lehrwerke, aber auch angesichts einer oft verwirrenden fachdidaktischen Diskussion heute besonders schwer, die Lehrwerke objektiv zu beurteilen. Um die Arbeit der Lehrwerkbegutachtung zu erleichtern, habe ich eine primär praxisbezogene Checkliste zur Begutachtung heute gängiger Lehrwerke für den Fremdsprachenunterricht nach Maßgabe der heute akzeptierten fachdidaktischen und -methodischen Erkenntnisse als Hilfe erstellt (vgl. Reisener 1978).

## 15 Fragenkomplexe zur Beurteilung von Lehrbüchern für den Fremdsprachenunterricht

In vielen örtlichen und regionalen Fachlehrergremien wird viel Zeit, Energie und Engagement investiert, um zu entscheiden, welches neue Lehrbuch man einführen soll. Dabei stellt sich dann meist heraus, daß man sich zunächst einmal um die geeigneten Kriterien bemühen muß, um die Arbeit zu strukturieren. Meist stehen die Lehrer vor der schweren Aufgabe, ein Lehrbuch zu begutachten, nach dem sie selbst in der Regel noch nicht unterrichtet haben, dessen Vorzüge gegenüber dem „alten" Buch sie aber einschätzen müssen, um zu begründen, warum es sich lohnt, zu einem neuen Lehrbuch überzugehen. Dabei

wird man von den folgenden übergeordneten Fragen ausgehen müssen: Welches sind die Intentionen des Verlags und der Autoren? Welche neuen Wege hat man eingeschlagen? Versprechen diese ein Erreichen der Ziele? Wo ist das Besondere und das Attraktive dieses „neuen" Lehrbuchs im Vergleich zum „alten"?

Die folgenden 15 Fragenkomplexe sollen ein Instrumentarium bereitstellen, das den Lehrern die Arbeit erleichtern kann. Wie jedes Instrument kann auch dieses sicherlich noch verbessert und verfeinert werden, am besten dadurch, daß man es anwendet auf das „alte" Lehrbuch, mit dem man ja hinlänglich vertraut ist. Punkt für Punkt sollte nach Maßgabe der folgenden Fragen ein Vergleich zwischen dem „neuen" und dem „alten" Lehrbuch vorgenommen werden, um Klarheit zu schaffen.

### 1. Lehrplan
Ist das Lehrwerk zur Einführung genehmigt?

### 2. Formalia
Verfasser, Titel (Untertitel), Verlag, Erscheinungsort und -jahr, Auflage, Preis, Lieferzeit, Format, Einband (Stabilität und Gestaltung).

### 3. Wortschatz
Zu fragen ist nach:
– der Anzahl der Wörter, Kollokationen und Namen im verbindlichen Fundamentum sowie in den fakultativen Teilen und damit zusammenhängend nach der Übereinstimmung mit den Forderungen des betreffenden Lehrplans;

- nach dem Aktualitäts- und Frequenzwert sowie nach der kommunikativen Relevanz der verwendeten Wörter;
- nach dem Steilheitsgrad, d. h. nach dem Verhältnis zwischen bekanntem und in den einzelnen Lerneinheiten jeweils neu hinzukommendem Wortschatz;
- nach der äußeren Zuordnung des Vokabulars (der Vokabularien) zum Lehrbuch: Vokabelheft extra, Vokabular eingebunden, Einteilung des Vokabulars nach den Lehrbuchabschnitten, zusätzliche thematische Anordnung. Bei vorhandener alphabetischer Anordnung: Ist das erstmalige Auftreten der Vokabeln angegeben? Ist gekennzeichnet, ob das Wort zum verbindlichen Fundamentum oder zum fakultativen Lexikteil gehört?
- nach der Anlage des Vokabulars: zweispaltig, dreispaltig, Bildhilfen, phonetische Umschrift, Kontexteinbettungen, Definitionen.

## 4. Aussprache

Zu überprüfen ist:
- ob im Ausprachebereich eine Schwierigkeitenstufung vorgenommen ist;
- ob es spezielle Phonetik- und Intonationsübungen gibt;
- ob die Vokabularien hinreichende Aussprachehilfen enthalten;
- ob, sofern vorhanden, die Tonträger etwa ab dem 3. Lernjahr auch Sprachvarianten bieten, z. B. American English oder im Französischen argot.

## 5. Grammatik

- Welche Grammatikpensen werden angeboten, und wie sind sie auf die Lehrbucheinheiten verteilt?
- Wie werden die Pensen dargeboten, geübt, gesichert und transferiert?
- Gibt es eine klar erkennbare Strukturenprogression (Steilheitsgrad)?
- In welcher Weise ist die Schwierigkeitenstufung organisiert, d. h. wo und in welchen Abständen sind die Schwerpunkte gesetzt?
- Steht die Grammatik insgesamt als eine funktionale Grammatik in dienender Funktion zur Realisierung von Sprechabsichten?

## 6. Textsorten

- Entsprechen die Texte und Textsorten den Gegebenheiten der heutigen Sprachkultur und den darin vorherrschenden Kommunikationsweisen?
- Fördern sie neben den interaktiven auch die rezeptiven Sprachverwendungsformen?
- Wie werden die unterschiedlichen Textsorten vorbereitet, vorentlastet und kommunikativ genutzt?

## 7. Inhalt

Zu fragen ist:
- nach den Motivationsimpulsen, die durch die Sachthemen gegeben werden;
- nach der Alters- und Schülergemäßheit;
- nach den Möglichkeiten zur Überbrückung der Kluft zwischen Anspruchsniveau und sprachlichem Vermögen;
- nach den landeskundlichen Gehalten;
- nach den Möglichkeiten zum Abbau von Rollenfixierungen und Vorurteilen.

## 8. Authentizität

Wie hoch ist die Authentizität in sprachlicher Hinsicht und im Hinblick auf die landeskundlichen Informationen zu veranschlagen?

## 9. Organisation der Lernprozesse

– Ist das Lehrwerk übersichtlich, und bleibt der Lehrgang transparent?
– Wie ist das Lehrbuch gegliedert (Anzahl der Einheiten und Abschnitte), und auf welche Zeiträume erstrecken sich die Lehrbuchabschnitte?
– Wie umfangreich sind die einzelnen Abschnitte in bezug auf die Pensen?
– Welche Möglichkeiten der audio-lingualen Arbeitsweise gibt es (Verbindung mit Medien)?
– Welche Möglichkeiten der audio-visuellen Arbeitsweise gibt es (Verbindung mit Medien)?
– Wie sind die Darbietungsphasen konzipiert?
– Steht genügend Übungsmaterial bereit?
– Welche Übungstypen und Aufgabenformen sind gewählt?
– Sind diese alters- und kommunikationsgemäß?
– Realisieren die Übungen das zyklische Prinzip, indem sie in den Konsolidierungsphasen immer wieder auch Wiederholungsstoffe verarbeiten?
– Enthalten die Übungen auch spielerische und prosodische Elemente?
– Gibt es Anregungen und Hinweise für eine begleitende Mitarbeit der Eltern?

## 10. Differenzierungen

– Wie läßt sich mit dem Lehrwerk eine äußere Differenzierung organisieren?
– Welche Vorkehrungen sind für eine innere Differenzierung getroffen?
– Sind die Übungen und Pensen so angelegt, daß jeder Schüler entsprechend seinen individuellen Dispositionen gefordert und gefördert werden kann?

## 11. Kontrollen

– Welche Möglichkeiten gibt es für die Lernerfolgskontrollen und die Leistungsmessung?
– Welche Formen der Kontrollaufgaben gibt es, und wie ist die Aufgabenorganisation konzipiert?

## 12. Bebilderung

– Verhältnis schwarz-weiß und farbig?
– Verhältnis Photos und Zeichnungen?
– Realisierung neuer bilddidaktischer Erkenntnisse: Bildmontagen, Hervorhebung mit Zweitfarbe, Bildunterlegung, Signalfarbe, Anlage von Bildgeschichten, Comics, Cartoons.
– Was leisten die Bilder im Hinblick auf Motivationsanreize, landeskundliche Authentizität, Ergänzung und Veranschaulichung der Texte, Bereitstellung von Sprechanlässen, Steuerung der Übungen und Verzahnung mit den Zusatzmedien?

## 13. Zusatzmedien

– Welche und wie viele Zusatzmedien sind dem Lehrbuch zugeordnet (verbindlich/unverbindlich)?
– Wie sind die Zusatzmedien im Hinblick auf Koppelung und/oder alternativen Einsatz konzipiert und angeordnet?

– Wie ist die Handhabung berücksichtigt im Hinblick auf organisatorischen Aufwand und auf die apparative Ausstattung der Schulen?
– Wie hoch ist der Anschaffungspreis (Hard- und Software, Video, Bildplatte)?

## 14. Lehrelemente

– Sind die Lehrelemente in das Schülerbuch eingebunden?
– Sind die Elemente als Begleitbuch angelegt?
– Sind sie variabel gehalten (geleimt, gelocht zur Verwendung im Ringbuch)?
– Gibt es Lösungen und Schlüssel für die Übungen?
– Gibt es zusätzliche Übungen mit Vorgaben für freiere Formen der Sprachproduktion?
– Gibt es Handreichungen für die Technik der Lernerfolgskontrollen?
– Werden weitergehende Anregungen und Hinweise zur Unterrichtsgestaltung angeboten?
– Sind Lernziele vorformuliert?
– Ist die Diktion verständlich?

## 15. „Service"-Elemente (Anhänge)

Gibt es zusätzliche Hilfen wie z. B. Vokabellisten der unregelmäßigen Verben, Zusammenstellungen der phonetischen Zeichen, Landkarten, Bildmaterial, Lernspielanleitungen, Hinweise für den privaten Bezug von Zusatzmedien (z. B. Cassetten), Kataloge von Sprechabsichten?
Wie jedes Instrument kann auch dieses sicherlich noch verbessert und verfeinert werden, am ehesten dadurch, daß man es

erst einmal auf das Buch anwendet, nach dem man gerade unterrichtet und mit dessen Vor- und Nachteilen man hinlänglich vertraut ist. Das wäre eine erste sinnvolle Probe aufs Exempel.

## 5.2 Inhaltliche Kriterien

Fächert man den Komplex der Lerninhalte des L2-Unterrichts in seine einzelnen Inhaltsbereiche auf, so ergeben sich im wesentlichen acht Arbeitsfelder, die in der folgenden Grafik synoptisch dargestellt sind. Zugleich soll die Grafik das wechselseitig wirkende Zusammenhangsgefüge verdeutlichen, so daß mit einem Blick sichtbar wird, wie eine isolierende Trennung und Betrachtung der Einzelfelder im Grunde nur in der curricularen Reflexion möglich ist und wie alle Variablen im konkreten Unterricht mehr oder weniger gleichzeitig im Spiele sind.

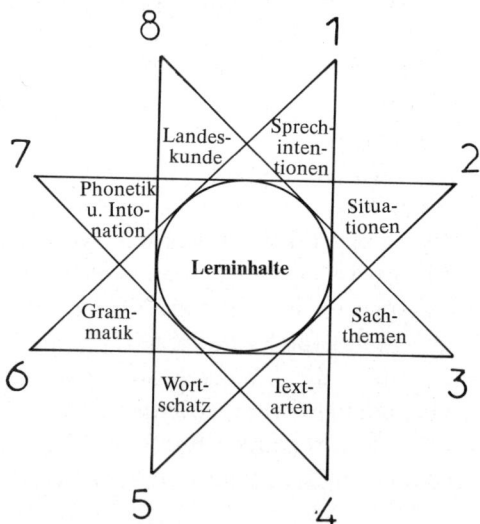

## 5.2.1 Sprechintentionen

In den Inhaltsübersichten der neueren

Lehrbücher sind für jede Lehrbucheinheit in der Regel schon die wichtigsten kommunikativen Lernziele der Texte oder Übungen aufgeführt. Zudem bieten die Bücher Zusammenstellungen der brauchbaren Redewendungen für den Unterricht an. Die zugeordneten Lehrerhandbücher enthalten dann zusätzlich noch umfassendere Zusammenstellungen entsprechender Redemittel. In diesem Kontext sind noch die folgenden drei Hinweise zu berücksichtigen:

1. Die Auswahl der Sprechabsichten ist zwangsläufig abhängig von den gewählten Themen der Unit und den darin enthaltenen Situationen. Man kann Redeabsichten, die der Schüler versprachlichen soll, nicht ohne ihre Inhaltsbezüge vorgeben.

2. Eine einzelne kommunikative Absicht kann durch viele unterschiedliche Redemittel realisiert werden. Die einzelne Vorgabe hängt hier von dem jeweils erreichten und verfügbaren Repertoire der Wörter, der grammatischen Strukturen und der idiomatischen Wendungen ab. Demzufolge ist der Ausbau der kommunikativen Ziele mit dem der lexikalischen und strukturellen Progression untrennbar verbunden.

3. Der Schüler wird mit bestimmten kommunikativen Aufgaben (z.B. Over to you, What about you, And you? Role play) dazu angeleitet, sich von den im Schülerbuch tatsächlich vorgegebenen Realisierungen zu lösen und über diese hinausgehend aus der eigenen Kombination von Wortschatz und grammatischen Strukturen innerhalb bestimmter Situationen neue, eigene Realisierungen zu wagen, also kreatives Sprechen zu entwickeln.

Lehrbuchverlage bieten übrigens auch außerhalb der Lehrwerke Sammlungen von Redemitteln an, die sich als „Steinbruch" eignen, wenn man die Redemittel-Repertoires der Lehrbücher als nicht ausreichend erachtet (vgl. Saftien 1979, Rothermel u.a. 1978). Mir scheinen die Redemittelvorgaben der neueren Lehrbücher für die Sekundarstufe I allerdings ausreichend.

### 5.2.2 Situationen

Gemäß dem als verbindlich geltenden Leitziel des L2-Unterrichts sind die Schüler darauf vorzubereiten, außerschulische Realsituationen zu bewältigen, in denen der Gebrauch der Zielsprache unabdingbar ist. Die Lehrbücher müssen deshalb so konzipiert sein, daß sich im Unterricht jene Situationen schaffen lassen, die die Schüler dazu befähigen. Es muß also eine Vielzahl möglicher Kommunikationssituationen modellhaft durchgespielt werden können. Diese Vielzahl kann dennoch nur eine Auswahl sein, denn nicht alle möglichen späteren Sprachverwendungssituationen lassen sich voraussehen. Bei der Auswahl der Situationen spielt als wichtiges Kriterium die Frage eine Rolle, welche Alltags-, Sozial-, Tätigkeits-, Rollen- und Medienbezüge für die Schüler der verschiedenen Altersstufen heute am häufigsten und repräsentativsten sind. Erst diese ermöglichen die notwendigen Identifikationsansätze, die die Schüler zur Übernahme von Rollen herausfordern. Entsprechende Übungen müssen deshalb so angelegt sein, daß die Schüler sich zum einen leicht mit der jeweils angebotenen Rolle identifizieren können und daß ihnen zum anderen die Thematik aus dem eigenen

Erfahrungsbereich vertraut ist. Nach diesem vorkommunikativen Durchspielen muß dann die konsequente Weiterführung in Form solcher Übungen erfolgen, in denen der Schüler nunmehr den „kommunikativen Ernstfall" erprobt, indem er zunächst noch mit ganz bescheidenen Redemitteln über sich selbst, seine Umwelt, Tätigkeiten, Erfahrungen, Wünsche usw. spricht. In den Lehrbüchern sind in den Texten und Übungen die Mitteilungsabsichten und daneben alle jene Bedingungen vorgegeben, die den Schüler zur Bewältigung der entsprechenden Kommunikationssituationen bekannt sein müssen. Dazu gehören Angaben über die Anzahl der Kommunikationspartner, über ihre persönlichen Merkmale und ihre Beziehungen zueinander, über den Kommunikationsweg (z.B. persönliches Gespräch, Telefonat, Rundfunkansage etc.), über den äußeren Rahmen, den Kommunikationsanlaß und die Textart. Die erforderlichen Vorgaben zur Absteckung des jeweiligen Situationsrahmens, zu den Arbeitsanweisungen und Erklärungen findet der Schüler prinzipiell in der Zielsprache vor, wobei Zeichnungen und Fotos in vielfacher Hinsicht zusätzliche Hilfen zum besseren Verständnis der Rahmenbedingungen bieten. Dennoch ist in begründeten Fällen der Rückgriff auf die Muttersprache angebracht, z.B. bei den Erklärungen in den Grammatikanhängen der Bücher, bei der Erklärung der Lautzeichen und natürlich im Vokabular. Die neuen Lehrbücher beinhalten zudem auch Übungen und Aufgaben zum Übersetzen und sogar Dolmetschen. Bei diesen interlingualen Übungen ist die Kontrastierung von L1 und L2 angestrebtes Lernziel.

### 5.2.3 Sachthemen

Bei der Auswahl der Themen wird in der Regel den Lehrplanforderungen und den didaktischen und methodischen Erkenntnissen des L2-Unterrichts Rechnung getragen, so daß den folgenden Gesichtspunkten der Vorrang eingeräumt wird: Die Themen sollen
– motivierend und altersgemäß sein,
– eine Vielzahl von Interaktionen ermöglichen,
– im Erfahrungsbereich der Schüler liegen bzw. ihnen plausibel sein,
– die Versprachlichung wichtiger Grundsituationen und kommunikativer Absichten fördern,
– grundlegende landeskundliche Kenntnisse vermitteln helfen.

Die Lehrbuchpersonen in den Anfangsbänden müssen Persönlichkeitsprofile haben und den Schülern von Anfang an mit ihren Stärken, Schwächen, Problemen und sozialen Bezügen entgegentreten. Sie sollen in einer realen Umwelt leben. Sie müssen eine eigene Identität haben. Trotz ihrer Einbettung in die Gegebenheiten der Zielsprachenländer müssen unsere Schüler sich mit ihnen, ihren Handlungen und Äußerungen in Beziehung setzen können. Dies ist die wichtigste Voraussetzungen zur Vermeidung von Klischees bzw. um landeskundliche Inhalte explizit zu machen.

Man darf freilich nicht davon ausgehen, daß bestimmte Themenschwerpunkte in einem Nacheinander gleichsam „abgehandelt" oder „abgehakt" werden. Bestimmte Themenbereiche werden unter Berücksichtigung unterschiedlicher Aspekte verteilt oder versetzt angeboten, d.h. sie werden immer erneut aufgegriffen und im zyklischen Sinne weitergeführt.

Ebenso wird in den Lehrbüchern aber auch deutlich, wie bestimmte thematische Stränge im Vordergrund stehen. Man erkennt gewisse Schwerpunktsetzungen, z.B. die Beziehungen zwischen Kindern und Erwachsenen mit Kindern, daneben auch die besondere thematische Berücksichtigung der Freizeitaktivitäten, des geselligen Miteinanders und der besonderen gemeinsamen Erlebnisse. In den verschiedenen Beziehungen wird noch einmal der kommunkative Aspekt deutlich. Auf der Seite der Aktivitäten gewinnt der Handlungsbezug, das gemeinsame Tun, der kooperative Aspekt seine besondere motivationale Bedeutung.

### 5.2.4 Textsorten

Aus den Kriterien für die Auswahl und Anlage der Sprechintentionen, der Situationen und der Sachthemen ergeben sich die weiteren Entscheidungsmerkmale für die Auswahl der Texte. Hier bedarf es eines ausgewogenen Verhältnisses von narrativen und dialogischen Texten. Vielfach sind Narration und Dialog auch miteinander verknüpft. In der Mehrheit sind die Texte für den Anfangsunterricht bildunterstützt, wobei Bild- und Textelemente optisch deutlich voneinander abgehoben sind. Eine Sonderform stellt die Textsorte der Bildgeschichte dar, da hier Text und Bild integrativ miteinander verschränkt sind. Weiterhin ist besonders auf die neue Form der Hörtexte hinzuweisen. Diese werden nur per Cassette präsentiert. Der Schüler findet im Buch lediglich die Auswertungsaufgaben dazu.

Ein einfaches Durchblättern einiger neuer Lehrbücher allein für das erste Lernjahr gibt Aufschluß über die Vielzahl der herangezogenen Textsorten, wobei vor allem auch prosodische Texte wie Reime und Rätsel und handlungsorientierte Texte wie Spielbeschreibungen und Bastelanleitungen auffallen. In den Büchern fielen mir in ungeordneter Reihenfolge auf:

- narrative Texte
- Dialogtexte
- deskriptive Texte
- Interviews
- Hörtexte
- Zeitungsartikel
- Einladungskarten
- Spielbeschreibungen
- Bastelanleitungen
- Rezepte
- Einkaufszettel
- Fahrpläne
- Reime, Lieder, Rätsel, Witze
- schriftliche Bekanntmachungen und Anschläge
- Radiosendungen
- Zeitungsannoncen
- Broschürentexte
- Rollenbeschreibungen
- Bildgeschichten

Im Hinblick auf die motivationalen Gehalte der Texte soll hier noch ein hilfreicher Fragenkatalog* angeboten werden, mit dem sich die Lehrbuchtexte kritisch einschätzen lassen:

o Ist der Text inhaltlich altergemäß?
o Ist der Text inhaltlich glaubwürdig/ denkbar/stimmig?
o Befriedigt er durch seine Erzählstruktur/seinen Spannungsbogen?
o Ist die vermittelte Landeskunde korrekt?

* Dieser Katalog bezieht sich auf ein Arbeitspapier des Herausgeberteams des Lehrwerksystems Learning English, Klett Verlag.

o Ist der Text sprachlich echt?
o Sind die sprachlichen Schwierigkeiten angemessen?
o Wie hoch ist der lexikalische Steilheitsgrad?
o Ist das zu bearbeitende Grammatikpensum angemessen abgedeckt?
o Sind Satzlänge und Stil in Ordnung?
o Ist die Textlänge akzeptabel?
o Wodurch kann der Text besonders motivieren?

## 5.2.5 Wortschatz

Die Auswahl des Wortschatzes ist stets von zwei Seiten her bestimmt. Einerseits ist das Repertoire abhängig von den Situationen, den Themen und den zugeordneten Texten. Andererseits muß garantiert sein, daß damit zugleich elementare Sprechabsichten realisiert werden können. Deshalb spielen hier auch der Frequenzwert, die speziellen Schwierigkeiten im Hinblick auf Aussprache und Schreibweise und nicht zuletzt auch die Semantisierungsmöglichkeiten eine wichtige Rolle.

Weiterhin ist davon auszugehen, daß die Schüler – ihnen selbst kaum bewußt – zwei unterschiedliche Repertoires bei sich anlegen. Sie bemühen sich primär um einen produktiv verfügbaren Wortbestand, daneben bauen sie aber auch ein rezeptives Repertoire auf, denn sie merken, daß es in vielen Fällen lediglich der Kenntnis bestimmter Wörter bedarf, um einen Textzusammenhang zu erschließen. Die Lehrbücher tun deshalb gut daran, tatsächlich auch ein produktives und ein rezeptives Inventar auszuweisen. Dabei ist der Produktivwortschatz dadurch definiert, daß er in den Texten und Übungen regelmäßig umgewälzt und aktiviert wird, so daß schließlich ein hohes Maß an Verfügbarkeit erreicht ist. Der rezeptive Wortschatz dagegen besteht aus dem notwendigen Vokabular der Arbeitsanweisungen und darüber hinaus aus jenen Wörtern, die bei der Gestaltung der Texte und Übungen unverzichtbar waren, wegen ihres geringeren Stellenwertes für den kommunikativen Spracherwerb aber nicht auf die produktive Ebene gehoben werden müssen. Zum rezeptiven Wortschatz gehören schließlich auch viele Wörter, die den deutschen Äquivalenten sehr ähnlich sind, im Englischen etwa von der Art wie *plastic, pullover, party, reporter* oder *baby*.

Schließlich ist vom Methodischen her noch eine weitere Aufteilung des Gesamtwortschatzes vorzunehmen, nämlich die Unterscheidung nach Inhalts- und Strukturwörtern, z.B. kommt die im Hinblick auf Inhaltswörter äußerst wortreiche englische Sprache mit vergleichsweise sehr wenigen Strukturwörtern aus. Lernschwierigkeiten ergeben sich im Anfangsunterricht meist dadurch, daß diese Strukturwörter sehr bald alle vorhanden sein müssen, häufig vorkommen und manchen Schüler in Verwirrung bringen. Sehr zeitig muß es deshalb um eine behutsame, zugleich aber auch konsequente Absicherung und Konsolidierung vor allem der Hilfsverben, des Bestandes der Pronomen und der Präpositionen gehen.

## 5.2.6 Grammatik

Im Kapitel 5.2.1 wurde schon hervorgehoben, daß zum Aufbau einer Kommunikationsfähigkeit die lexikalische, strukturelle und sprechintentionale Ebene in einem untrennbaren Zusammenhang stehen. Und auch im Kapitel 2.11 wurde schon herausgestellt, daß strukturelle und kommunikative Progression keine Gegensätze sind. Sie sind vielmehr die beiden aufeinander bezogenen und aufeinander wirkenden Orientierungspole des schulischen Fremdsprachenlernens. Dieser Wechselbezug wird dadurch fruchtbar gemacht, daß sich die strukturbezogene Progression der Verwirklichung von Sprechabsichten zuordnet bzw. daß der Aufbau der Progression in kommunikativer Hinsicht spiralförmig so angelegt sein muß, daß er stets durch die Achse der strukturellen Progression abgesichert ist. *So kommunikativ wie möglich – so grammatisch wie nötig*, wäre für diesen Zusammenhang die passende Kurzformel. Formale und inhaltliche Gestaltung schließen einander keineswegs aus. Die Schulung von Fertigkeiten vollzieht sich anhand von Inhalten, d.h. Situationen, Themen und Texten. Andererseits kann es keine sinnvolle und sichere Herausbildung von kommunikativen Fähigkeiten geben, die formale Kenntnisse außer acht läßt und das trainingsbezogene Einüben nicht nutzt. Für die Lehrbücher muß das heißen:

Aus dem kommunikativen Bezug ergibt sich das *Gestaltungsprinzip* der Lehrbücher, der strukturelle Bezug dagegen ist deren *Organisationsprinzip*.

Die Lehrbücher müssen sich deshalb folgenden Ansprüchen stellen:
o Das Gesamtpensum und die Teilpensen müssen deutlich ausgewiesen sein. (Lernzieltransparenz)
o Die Steilheitsgrade innerhalb der Strukturenprogression müssen erkannt und eingeschätzt werden können. (Schwierigkeitsstufung)
o Den Lehrern muß das zyklische Prinzip sichtbar gemacht werden. (Spiralprogression)
o Neben der in den Lehrgang integrierten Verteilung der Teilpensen auf die Units muß das Buch dazu noch einen zusammenfassenden und geschlossenen grammatischen Anhang (mit Register) bieten, den der Schüler als sein eigenes grammatisches Nachschlagewerk zur Wiederholung und Konsolidierung nutzen kann. (Eigenarbeit)
o Ein motivierendes Layout sollte zusätzlich vor allem auf optischem Wege der Lernerleichterung und kognitiven Durchdringung dienen, so daß der Schüler aus dem Erkennen von *Regelmäßigkeiten* zur eigenen Formulierung von *Regeln* gelangen kann.
o Letzteres soll nicht ausschließen, daß das Buch stets eine klare, einfache und explizite Regelformulierung mit Hinweisen auf Ausnahmen und besondere Schwierigkeiten bereithält.
o Schließlich muß große Sorgfalt auf eine verständliche und einheitliche Terminologie verwandt werden, am besten durch eine gegenüberstellende Zuordnung von lateinischen, deutschen und sodann zielsprachlichen Begriffen.

### 5.2.7 Phonetik und Intonation

Während man für die Teilsysteme der Lexik und Grammatik eine relativ detaillierte und logische Strukturierung und Anordnung in zeitlicher Erstreckung vornehmen kann, bietet sich auf dem Sektor der Phonetik und Intonation das besondere Problem, daß hier relativ früh die Gesamtheit des Lautbestandes der englischen Sprache gleichsam auf die Schüler einstürmt. Schon mit den allerersten Wörtern und den anfänglichen kleinen Dialogen ist der Schüler mit der Fülle der Einzellaute (bekannte und neue), der Lautverbindungen, Verschleifungen, Reduzierungen, Intonation usw. konfrontiert. Die einzig sinnvolle und auch machbare Maßnahme zur Lernerleichterung ist eine frühzeitige, sehr gezielte, sehr behutsame, aber auch konsequente Heranführung des Schülers an diesen Teilbereich des neuen Lerngebietes bzw. eine lernpsychologisch durchdachte Aufbereitung dieses Teilbereichs für das im Lehrgang jeweils einschätzbare Lernvermögen der Schüler. Die Lehrbücher wählen dazu einen durchgehenden Übungsstrang, etwa unter dem Titel „Look, Listen and Say". Damit ist bereits das methodische Grundkonzept ausgedrückt: Die Schüler sollen sich die vom Lehrer oder durch Tonträger angebotene Aussprache *anhören*, also ihr „Ohrenmerk" auf die Phoneme richten. Sodann sollen sie sich die Wörter oder Äußerungen bei erneuter akustischer Präsentation *anhören* und *ansehen*, also ihr Augenmerk auf jene optisch hervorgehobenen Grapheme lenken, um die es in dieser Übung geht. Sie sollen die Phoneme und die zugeordneten Grapheme *verknüpfen*. Und schließlich sollen sie die Wörter oder Äußerungen selbst *nachsprechen*. Der Weg geht also stets über das Ansehen und Anhören zum Nachsprechen und dann zum freien Sprechen. Bei der Anordnung dieser Übungsreihe geht es notwendigerweise zunächst um ein Sammeln und Versammeln der neuen Laute und Lautverbindungen, erst danach,

aber ebenfalls recht frühzeitig, um das Kontrastieren. Das Vokabular muß dazu natürlich zu jedem neuen Wort die phonetische Transkription enthalten.

Es versteht sich von selbst, daß auf diesem Arbeitsfeld, besonders auch im Hinblick auf die Intonation, den begleitenden Tonträgern eine große Aufgabe zukommt. Neben dem Sprachlabormaterial dürfte es da wieder primär um den Einsatz von Cassetten gehen, vor allem jener, die der Schüler – wie schon im Kap. 4.7 ausführlich erörtert – zur individuellen Arbeit mit nach Hause nehmen kann.

### 5.2.8 Landeskunde

Anläßlich der Erläuterungen zu den Situationen (Kap. 5.2.2) und Sachthemen (Kap. 5.2.3) sind wesentliche Aussagen über die landeskundlichen Inhalte schon getroffen worden, so daß an dieser Stelle eine kurze Zusammenfassung der Prinzipien der Landeskundearbeit in den Lehrbüchern genügen mag. Kein Text, keine Übung und kein Bild ist ohne landeskundliche Relevanz. Landeskundegehalte sind daher auf jeder Buchseite und in jeder Unterrichtsstunde teils implizit, teils explizit Bestandteil des Unterrichts.
1. Die explizit angelegte, also informierende und bewußtmachende Landeskunde wird im wesentlichen von den Bildelementen des Buches sowie von den lehrgangsbegleitenden zusätzlichen Bildmedien getragen. Das beginnt mit der Abbildung auf dem Buchumschlag, geht über zu Landkarten und wird fortgeführt mit Realienabbildungen, cartoons, Fahrplänen bis hin zu den weiteren, den Texten zugeordneten Fotos.
2. Die Texte, Übungen und zugehörigen

Zeichnungen repräsentieren mehr die implizit angelegte Landeskunde, d.h. durch die Lehrbuchpersonen mit ihrer realen Umwelt, ihren Problemen, Erfahrungen und Äußerungen werden die deutschen Schüler in die zielsprachliche Alltags- und Lebensumwelt eingeführt. Sie sollen dennoch den Bezug zu ihrer eigenen Umwelt behalten und nicht in ein fremdes Land entrückt werden. Den Schülern muß die Möglichkeit bleiben, Vergleiche und Schlüsse zu ziehen. Sie sollen vor Klischeebildungen bewahrt werden. Der impliziten Landeskunde dienen übrigens auch, was oft übersehen wird, die auf Cassette gesprochenen Texte. Sie enthalten gleichsam hörbare, akustische miterlebbare Landeskunde. Nicht alle Schüler sind eidetische Lerner. Für viele ist gerade das authentische Hintergrundgeräusch, das Läuten eines englischen Telefons, der Tonfall eines französischen Kindes ein besonderes, durchaus zuweilen auch gefühlsmäßiges und damit wiederum landeskundlich relevantes Hörerlebnis. Hierzu gehört auch die Forderung, daß Kinderrollen auch von Kindern aus Ländern der Zielsprache gesprochen sein müssen, so daß sich das Problem einer geringen Glaubhaftigkeit oder mangelnden Authentizität kaum stellen dürfte, was wiederum der Motivation der Schüler zugute kommen kann. Letzteres gilt freilich vorwiegend für den Anfangsunterricht.

3. Am Ende der Sekundarstufe I sind weitergehende Schritte dahingehend angebracht, daß Probleme der Klischee- und Vorurteilsbildung auch innerhalb der Zielsprachenländer thematisiert werden können. Dies müßte unter der Fragestellung geschehen, was der schulische Fremdsprachenunterricht zu einer Erziehung zum Frieden und zur internationalen Verständigung beizutragen vermag. Auf einem internationalen UNESCO-Kongreß unter eben dieser Fragestellung im Herbst 1985 auf dem Sonnenberg/Harz hat der schottische Kollege J. Dunlop das Problem anhand der folgenden zwei Kartenbeispiele sehr anschaulich verdeutlichen können. Dies soll an dieser Stelle nur als Denkanstoß verstanden werden. Die Möglichkeiten der unterrichtlichen Auswertung und des Transfers liegen auf der Hand (vgl. Dunlop 1985.)

4. Wiederum explizit angelegte und damit informierende und kontrastierende Landeskundearbeit kann dann bei den interlingualen Übungen ermöglicht werden, da es hier um den Vergleich und die Gegenüberstellung von L2 und L1 geht und damit z.T. auch um die in beide Sprachen eingegangenen bzw. von ihnen abgebildeten historisch und kulturell gewachsenen unterschiedlichen Erfahrungen, Seh- und Interpretationsweisen von Menschen zweier Sprachgemeinschaften.

5. Der bedeutsamste Faktor im Hinblick auf die Landeskunde ist und bleibt im übrigen der Lehrer selbst. Sein Wissen, seine Erfahrungen, seine Einstellung und nicht zuletzt sein privates Arsenal von landeskundlichen Zusatzmedien können wesentlich dazu beitragen, die Landeskundearbeit zu bereichern. Jede über das Buch hinausgehende Information, jedes zusätzliche Bild oder sonstige reale Demonstrationsobjekt kann deshalb helfen, die Arbeit auf dem Sektor der Landeskunde zu intensivieren und damit auch die Motivation für das Übungsgeschehen zu steigern.

# MAP OF U.K. DRAWN BY A LONDONER

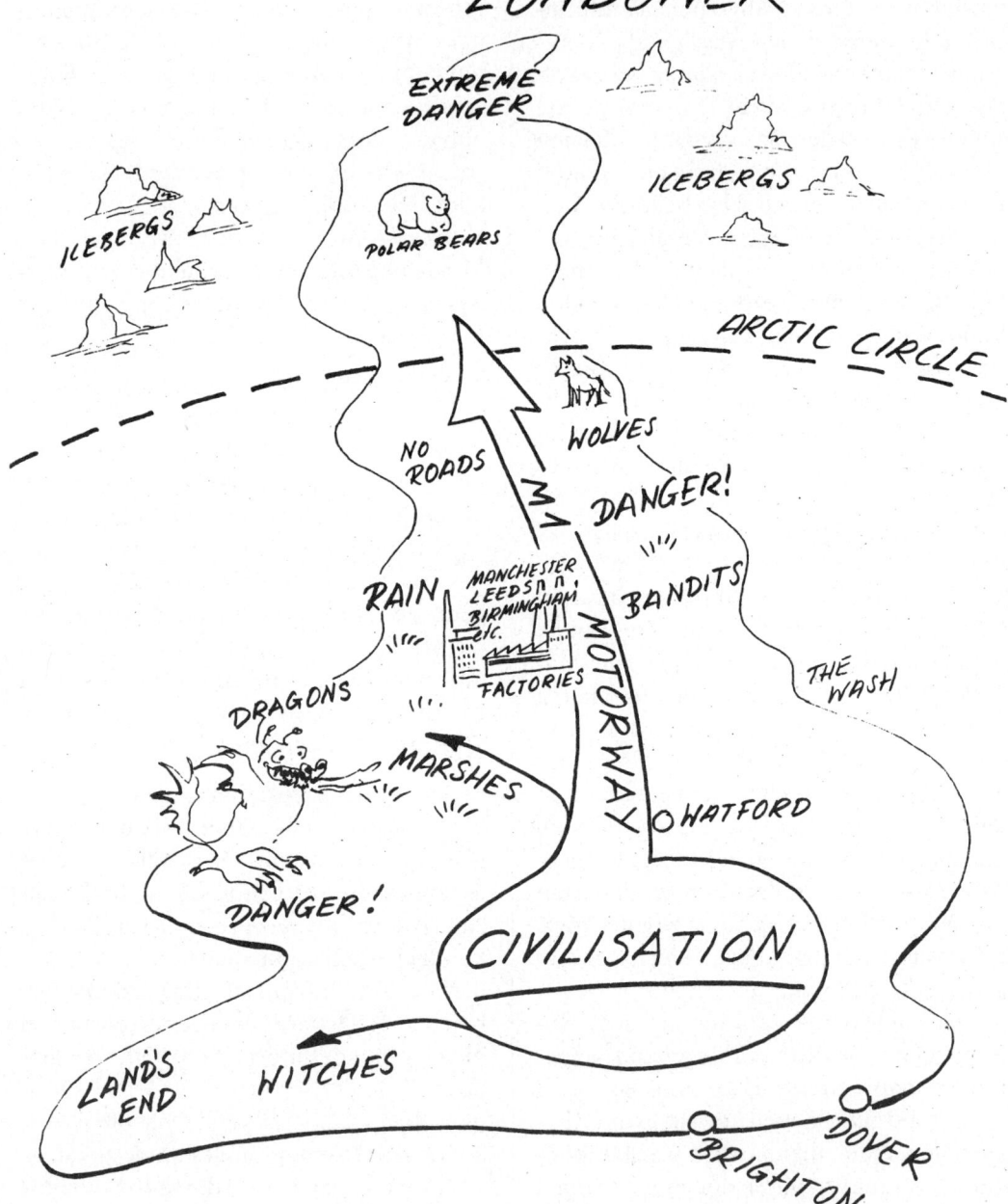

# MAP OF THE U.K. DRAWN BY A GLASWEGIAN

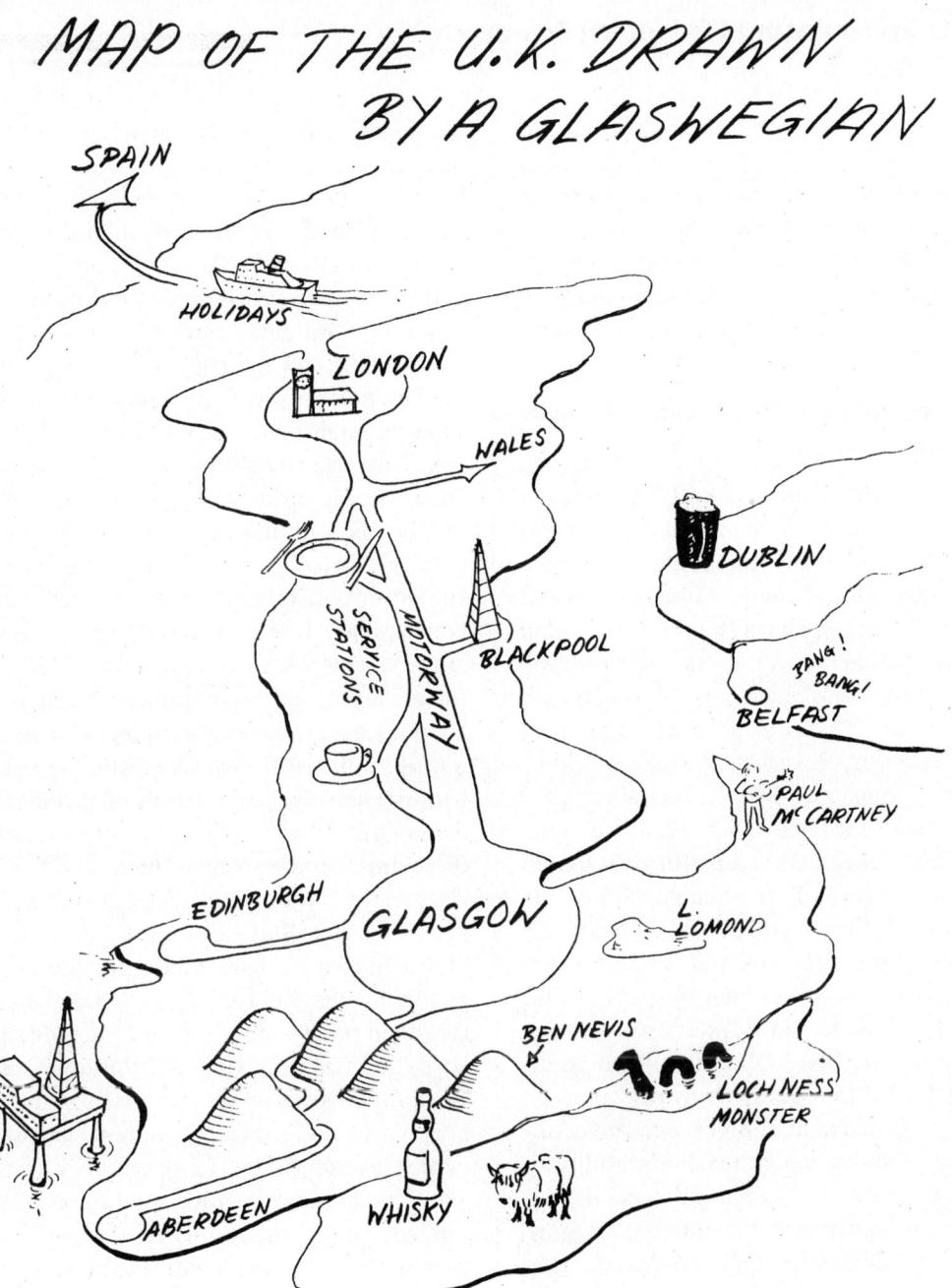

# 6. Lehrerrolle und L2-Unterrichtssprache

Das Kapitel 1 dieses Buches begann mit einigen bekenntnishaften Aussagen über die Rolle und Funktion des Lehrers im Fremdsprachenunterricht. Mit diesem letzten Kapitel führe ich auf diesen Themenbereich zurück und schließe damit den Kreis.

## 6.1 Lehrerrolle und persönliches Engagement

Nach wie vor dominiert im L2-Unterricht der Lehrerbezug. Gegenstandsabhängigkeit, L1-Ambiente, Einsprachigkeit, Primat des Mündlichen, Übungsintensität und Lehrgangscharakter setzen den Fremdsprachenlehrer in eine ganze Reihe von Zwängen. Wählt man etwa die Terminologie des Theaters, so muß der Lehrer als Textautor, Regisseur, Mitakteur, Souffleur, Requisiteur, Medientechniker usw. tätig sein. Es lassen sich daneben noch beliebig viele andere begriffliche Rahmen wählen. Während die eben gewählte Terminologie mehr von dem Aspekt des Unterrichtsgeschehens und der darin vorherrschenden Aktivitäten ausgeht, wählt z.B. D. Cranmer ein stärker lernpsychologisch ausgerichtetes Begriffsfeld. Er definiert den L2-Lehrer als **Motivator** (personality of the teacher, competence and confidence of the teacher, teacher's ability to interest students, showing the need), sodann als **Informant**, **Conductor**, **Diagnoser** und **Corrector** (vgl. Matthews u.a. 1985).

Diese und alle weiteren Betrachtungsweisen lassen sich auf den folgenden Nenner bringen:

Lehrerin und Lehrer sind Träger und Modellgeber der zu lernenden Sprache; sie müssen anfeuern und bremsen, ermutigen und ermahnen, korrigieren und motivieren und vieles andere mehr. Dabei sehen die Schüler die Lehrperson weniger aus der Perspektive des Fremdsprachelernens, sondern mehr aus dem Blickwinkel des Schülerseins schlechthin. Sie fragen zwar auch, ob die sprachliche Kompetenz gut ist, aber es dominieren die Fragen nach der Unterrichtskompetenz: Ist er freundlich? Ist sie fair und gerecht, tolerant, aber auch konsequent? Hat sie Humor? Ist er spontan? Macht sie es interessant? Hat er Ideen? Kann sie/er mit Medien umgehen? Es gibt Lehrer, die die Methode des „walk a little, talk a little, chalk a little" virtuos beherrschen und die von ihren Schülern dennoch nicht recht gemocht werden, weil diese durch einen solchen Buch- und Kreideunterricht permanent gezwungen werden, in einer Statisten- oder gar Publikumsrolle zu verharren. Es gibt demgegenüber auch Lehrer, die – aus welchen Gründen auch immer – ihre Fähigkeiten, auf die Klasse oder Lerngruppe als Gesamtheit persönlich und offen zuzugehen, so wenig entwickelt haben, daß sie immer wieder unter Lampenfieber oder gar „Klinkenangst" leiden. Das Ingangsetzen von gemeinsamer Arbeit, Partnerarbeit und – in begrenzter Form – auch Gruppenarbeit, die Organisation von Außen- und Binnendifferenzierung, das Überblicken des Lehrgangs und die Organisation der Lernprozesse erfordern keineswegs Superlehrer, wohl aber Lehrer, die an ihrer Unterrichtskompetenz arbeiten. Die Tatsache, daß im Fremdsprachenunterricht der Lehrerbezug dominiert, ist weder Freibrief noch besonderer Anlaß zu elitärem Stolz. Sie ist vielmehr eine besondere Herausforderung an die Persönlichkeit des Lehrers. In diesem Kontext ist noch einmal auf den eingangs erwähnten Aufsatz von T. Ziehe über das Problem der pädagogischen Nähe hinzuweisen.

## 6.2 Nützliche Redewendungen für den Unterricht (Englisch und Französisch)

Viele Schüler sind oft irritiert und zuweilen auch verunsichert, wenn ihr L2-Lehrer auch noch ein anderes Fach unterrichtet, was ja in der Regel der Fall ist. Da heißt es dann: „Also, in Erdkunde, da ist Herr X (Frau Y) prima, immer so nett, mit lustigen Bemerkungen, und so. Aber in Französisch nicht. Da ist er (sie) immer so streng, so einsilbig, so mürrisch, gar nicht so freundlich wie sonst."

Den Schülern, besonders denen im Anfangsunterricht, fällt da etwas auf, was wir problematisieren müssen: Es geht um unsere eigenen fremdsprachlichen Unsicherheiten. Was die Schüler als Auffälligkeit feststellen, das ist im Grunde meist nichts anderes als ein nicht hinreichend entwickelter oder gepflegter Stand unseres Repertoires für die Steuerung des Unterrichtsgeschehens.

Man kann im L2-Unterricht zwei Arten von Redemittel-Repertoires unterscheiden: Da ist zunächst das zu lehrende Repertoire, wie es im Lehrplan des Landes und in der Regel dann durch das Lehrbuch

festgelegt ist. Und es darf angenommen werden, daß angesichts des heute weithin garantierten Ausbildungsstandards die Mehrheit der Lehrer dies so hinreichend beherrschen, daß sie hier modellhaft wirken können. Daneben gilt es aber für jeden Lehrer, ein zweites Repertoire anzulegen, auszubauen und zu beherrschen, mit dem er die Unterrichtsprozesse steuern, Beziehungen regeln, Probleme lösen und Unvorhergesehenes einfangen kann.

Zwei Probleme gilt es dabei zu bedenken: Das erste Problem liegt auf der Ebene des Anfangsunterrichts. Es besteht in der Tatsache, daß der Gesamtsprachschatz der Schüler am Anfang naturgemäß sehr gering ist. So vieles, was wir Lehrer sagen und anmerken möchten, halten wir noch zurück, und zwar aus der Befürchtung heraus, unser sprachlicher Überhang geht über das hinaus, was die Schüler im Anfangsunterricht überhaupt rezeptiv erfassen können. In der Tat gehört sehr viel Überlegung und auch Einfühlungsvermögen dazu, um das sprachliche Mehrangebot des Lehrers mit dem jeweils vorauszusetzenden aktiven und passiven Repertoire der Schüler in einer vernüftigen Relation zu halten. Der sprachliche Überhang des Lehrers muß proportional zum rezeptiven Repertoire der Schüler mitwachsen. Und wir sollten da mehr Mut aufbringen, um doch schon zeitig einige gängige gute Wendungen zur Steuerung des Unterrichtsgeschehens einzuführen.

Das zweite Problem ist ein mehr linguistisches. Ich exemplifiziere dazu wieder mit dem Englischen: Während wir im Deutschen, ohne uns dessen immer bewußt zu sein, vieles an parasprachlicher Kommunikation über Betonung, Intonation, Sprechtempo, Stimmstärke und -schärfe usw. regeln, bedient man sich im Englischen zusätzlich noch vieler Partikel oder Anhängsel, auch *tags* genannt, wie sie deutlich werden in den Beispielen *will you; will you, please; wouldn't you; could you; couldn't you; isn't it.*

Man sollte demgegenüber bedenken, wie man im Deutschen einen Schüler auf vielfache Weise auffordern kann, nach vorn an die Tafel zu kommen. Jeder möge einmal für sich erproben, mit wie vielen unterschiedlichen Intonationen er die Aufforderung „Komm (doch) (mal) her, bitte" äußern kann. Man kann wohl mit Recht sagen: Es gibt ebenso viele Möglichkeiten des Ausdrucks, wie es Formen der emotionalen und zwischenmenschlichen Tonlagen gibt, welche Musik man also mit welchen Tönen machen will. Das leistet das Englische in gewisser Weise natürlich auch. Aber man muß schon Muttersprachler sein, um das sicher und unmißverständlich nachvollziehen zu können bzw. sich auf dieser Ebene sicher zu bewegen. Leichter fällt uns das mit den *tags,* also mit den Sprachanhängseln. Bei unserem Beispiel wären das etwa:

*Come here, will you?/Would you come here?/Well, come here!/Oh, come here!/ Oh, do come here!/Come here, please/ Please, come here/...*

Man setzt also immer andere Partikel ein und kombiniert immer wieder neu, um bestimmte Intentionen mitschwingen zu lassen, und auf dieses Mitschwingenlassen kommt es an. Bei einem Schülerfehler oder bei einer unzureichenden Schüleräußerung kann ich zwar sagen *wrong.* Aber

das ist in der Tat einsilbig, grob, geradezu niederschmetternd und demotivierend, fast schon unhöflich. Menschen mit Englisch als L1 gehen bekanntlich sprachlich viel verbindlicher miteinander um. Und so ist es doch auch viel freundlicher und ermutigender, wenn ich den Schülern sage:

*Well, not quite. / Well, you almost got it, but not quite. / Well, is that right? / Oh, you mean, this is O. K.? / Sorry, this is not quite right! / Oh, think again, please. / Well, try it again. / Have another try. / Well, let's have it again. / You can do better, I think.*

Was wir also frühzeitig im Unterricht brauchen und ständig im Auge behalten müssen, das sind möglichst flexible Äußerungsmuster für die wesentlichen uns vertrauten Eventualitäten. Man könnte dieses Feld mit den folgenden Fragen abstekken: Was sagen Lehrer zum Stundenbeginn und zum Ende der Stunde? Wie spricht man alle Schüler an, wenn man
– die Hausaufgaben kontrollieren möchte,
– um Ruhe, Aufmerksamkeit und Beteiligung bittet,
– die Klasse warnt, ermutigt, lobt
– Materialien austeilt,
– die Arbeit mit Medien organisiert,
– Maßnahmen zur Leistungskontrolle durchführt?

Wie spricht der Lehrer mit einzelnen Schülern, wenn er
– sie nicht versteht,
– sie korrigiert,
– sie ermutigt/ihnen hilft,
– ihnen zustimmt/widerspricht,
– sie um etwas bittet?

Es ist hier nicht der Ort, für alle diese Bereiche jeweils Beispiele zusammenzutragen. Ich verweise auf entsprechende Sammlungen, die in Heft- und Buchform, zum Teil auch im Rahmen von Zeitschriftenaufsätzen vorliegen (vgl. Gressmann/ Rich 1982). Daneben sind die neueren Lehrwerke längst dazu übergegangen, schon in den Anfangsbänden entsprechende Sammlungen anzubieten. Die im folgenden abgedruckte Liste entstammt einer Zusammenstellung, die ich anläßlich eigener Unterrichtshospitationen und Fachpraktika mit Lehramtsstudenten entwickelt und immer wieder aktualisiert habe. Es sei in das Ermessen der Kolleginnen und Kollegen gestellt, hier eine persönliche und wertende Auswahl vorzunehmen. Mein Anliegen zum Abschluß war, den Bereich der L2-Unterrichtssprache etwas gezielter in den Mittelpunkt des Interesses zu rücken.

**Englisch**

*What the teacher may say to you*

| | |
|---|---|
| Open your books at page … | Öffnet eure Bücher auf Seite … |
| Turn to page … | Schlagt Seite … auf. |
| Read the text on page … | Lies den Text auf Seite … |
| Look at the picture on page … | Schau das Bild auf Seite … an. |
| | |
| Please fetch … for me. | Bitte hol mir … |
| Would you collect the exercise books/worksheets/workbooks? | Würdest du bitte die Übungshefte/Arbeitsblätter/Arbeitsbücher einsammeln? |
| | |
| Do this exercise for homework. | Diese Übung ist Hausaufgabe. |
| Write the answer/sentences in your exercise book/on the board. | Schreibt die Antworten in eure Übungshefte/an die Tafel. |
| | |
| That's right. That's wrong. | Das ist richtig. Das ist falsch. |
| Good. Very good. That's good. | Gut! Sehr gut! Das ist gut. |
| That's not good. Try again. | Das ist (noch) nicht gut. Versuch es noch einmal. |
| | |
| That's better. | Das ist besser. |
| Well done. | Gut gemacht. |
| Be quiet. | Seid ruhig. |
| Sit down, please. | Setzt euch bitte. |
| | |
| Ask your friend/neighbour. | Frag deinen Freund/Nachbarn. |
| Make a list. | Mach eine Liste. |
| Put in the words. | Setze die Wörter ein. |
| Can you see the board? | Kannst du die Tafel sehen? |

117

*What you can say to your friends or to the teacher*

| | |
|---|---|
| Good morning, Mr/Mrs ... | Guten Morgen ... |
| Hello | Hallo |
| Good-bye | Auf Wiedersehen |
| Thanks. Thank you (very much). | Danke. Vielen Dank. |

| | |
|---|---|
| I'm sorry. | Tut mir leid. |
| I'm sorry I'm late. | Tut mir leid, daß ich mich verspätet habe. |
| I'm sorry I haven't got my homework. | Tut mir leid, ich habe meine Hausaufgaben nicht. |

| | |
|---|---|
| I'm not feeling well. | Ich fühle mich nicht gut. |
| Can I open the window? | Kann ich das Fenster aufmachen? |

| | |
|---|---|
| What's this in English/German? | Was heißt dies auf englisch/deutsch? |
| Can I say: ... ? | Kann ich sagen: ... ? |
| What does ... mean? | Was bedeutet ...? |

| | |
|---|---|
| Can I ask a question, please? | Kann ich bitte eine Frage stellen? |
| I can't do this exercise. | Diese Übung kann ich nicht. |
| How do you do this exercise? | Wie macht man/geht diese Übung? |
| Can you help me, please? | Können Sie/Kannst du mir bitte helfen? |
| This question is difficult. | Diese Frage ist schwierig. |
| I can't find the answer. | Ich kann die Antwort nicht finden. |
| Is this right? | Ist das richtig? |

| | |
|---|---|
| Can you repeat the question/sentence? | Können Sie/Kannst du die Frage/den Satz wiederholen? |

| | |
|---|---|
| I can't hear you. Can you say that again? | Ich kann es nicht verstehen. Können Sie/Kannst Du das noch einmal sagen? |

| | |
|---|---|
| Can you write it on the board? | Können Sie es an die Tafel schreiben? |
| I can't see it. | Ich kann es nicht sehen. |

| | |
|---|---|
| Can we/Can't we read this? | Können wir (nicht) dies lesen? |
| Let's act out the story? | Wir möchten die Geschichte spielen. |
| Can we sing a song? | Können wir ein Lied singen? |
| Let's do our homework together. | Laß uns die Hausaufgaben zusammen machen. |

| | |
|---|---|
| When is our lesson tomorrow? | Wann haben wir morgen Unterricht? |
| How many exercises must we do? | Wieviele Übungen müssen wir machen? |

## Französisch

| | |
|---|---|
| à vous maintenant! | Jetzt sind Sie dran! |
| pardon, je n'ai pas compris | Entschuldigung, ich habe nicht verstanden. |
| parlez lentement, s'il vous plaît | Sprechen Sie bitte langsam. |
| vous pouvez répéter? | Können Sie wiederholen? |
| vour pourriez m'aider? | Könnten Sie mir helfen? |
| aider | helfen |
| apprendre (les mots) | (die Wörter) lernen |
| choisir | wählen |
| chuchoter | flüstern |
| commencer | anfangen |
| compléter (la phrase) | (den Satz) ergänzen |
| comprendre (le texte) | (den Text) verstehen |
| consulter un dictionnaire | ein Wörterbuch zu Rate ziehen |
| se débrouiller | sich zurechtfinden |
| découvrir | entdecken |
| demander au professeur | den Lehrer fragen |
| discuter | diskutieren |
| écouter | zuhören, anhören |
| entendre | hören |
| écrire | schreiben |
| épeler | buchstabieren |
| faire une grille | einen Raster machen |
| jouer (avec les voisins) | (mit den Nachbarn) spielen |
| lire | lesen |
| noter les mots-clés | die Schlüsselwörter notieren |
| parler (lentement) | (langsam) sprechen |
| préparer la leçon | die Stunde/Lektion vorbereiten |
| raconter | erzählen |
| recopier | abschreiben |
| regarder (les dessins, les photos) | (die Zeichnungen/Fotos) betrachten |
| répéter | wiederholen |
| répondre | antworten |
| travailler en groupes | in Gruppen arbeiten |
| trouver la solution | die Lösung finden |
| le participant, la participante | Teilnehmer/-in |
| le premier, la premièr | der erste, die erste |
| le suivant, la suivante | der folgende, die folgende |
| le dernier, la dernière | der letzte, die letzte |
| le professeur | der Lehrer, die Lehrerin |
| ensemble | zusammen |

# Literaturverzeichnis

*Ankerstein, H. S.; Schubert, U. (Hrsg.):* Die Kassette im Fremdsprachenunterricht, Sonderdruck des Kultusministeriums des Landes Nordrhein-Westfalen, Köln: 1982

*Baumgarten, H.:* „Eselsbrücken" als Hilfe für die Grammatikvermittlung im Englischunterricht in der Sekundarstufe I, in: Englisch 4/1984, 140–143

*Bayer, P.:* Von der compréhension orale zur expression orale, in: Der fremdsprachliche Unterricht, Heft 63, Aug. 1982, 190–199

*Bebermeier, H. (Hrsg.):* Probleme eines lerngruppenspezifischen Englischunterrichts in der Sekundarstufe I, Berlin: 1980

*Beile, W.:* Typologie von Übungen im Sprachlabor, Frankfurt/M.: 1979

*Beile, W.:* Hörverstehensmaterialien für Englisch als Fremdsprache: Beschreibungskriterien und Bestandsaufnahme, in: Schumann A./Vogel, K./Voss, B. (Hrsg.), Hörverstehen – Grundlagen, Modelle, Materialien zur Schulung des Hörverstehens im Fremdsprachenunterricht der Hochschule, Tübingen: 1984, 165–176

*Bergius, R.:* Psychologie des Lernens, Stuttgart: 1972

*Böttcher, K. H.; Meyer, J.; Reisener, H.:* Talking Points, Hamburg: 1982

*Brockhaus, W.:* Lernschwierigkeiten und Lehrstrategien im Englischunterricht bei „leistungsschwachen" Schülern, in: Die deutsche Schule, 3/80, 139–150

*Bundesarbeitsgemeinschaft Englisch an Gesamtschulen:* Kommunikativer Englischunterricht, München: 1978

*Butzkamm, W.:* Aufgeklärte Einsprachigkeit, Heidelberg: 1973

*Byrne, D.; Hermitte, R. M.:* Die Tafelzeichnung im Fremdsprachenunterricht, München: 1984

*Dakin, J.:* Vom Drill zum freien Sprechen, München: 1977

*Dunlop, J.:* Education for international understanding and peace: the Scottish experience, in: Internationale Briefe, Sonnenberg 110, Dez. 1985, 39–40

*Finocchiaro, M.:* M-o-t-i-v-a-t-i-o-n in language learning, in: English Teaching Forum, No. 3/1976, 4f.

*Foppa, K.:* Lernen, Gedächtnis, Verhalten, Köln: 1972

*Fürntratt, E.:* Motivation des schulischen Lernens, Weinheim: 1976

*Galperin, P. J.:* Die geistige Handlung als Grundlage für die Bildung von Gedanken und Vorstellungen, in: Probleme der Lerntheorie, Berlin (DDR), 1966

*Galperin, P. J.:* Die Psychologie des Denkens und die Lehre von der etappenweisen Ausbildung geistiger Handlungen, in: Untersuchungen des Denkens in der sowjetischen Psychologie, Berlin (DDR), 1967

*Girard, D.:* Motivation: The responsibility of the teacher, in: English Language Teaching Journal, No. 2/1977, 97–102

*Gressmann, L.; Rich, A.:* Classroom Language, München: 1982

*Groene, H.; Jung, U. O. H.; Schilder, H. (Hrsg.):* Medienpraxis für den Englischunterricht, Paderborn: 1983

*Gutschow, H.:* Die visuellen Unterrichtsmittel, Tübingen/Berlin: 1976

*Gutschow, H.:* Die Didaktik des Englischunterrichts: Eine Bestandsaufnahme, in: Abhandlungen aus der Pädagogischen Hochschule Berlin, Berlin: 1977

*Gutschow, H.:* Eine Methodik des elementaren Englischunterrichts, Berlin: 1978

*Gutschow, H.:* Englisch an der Tafel, Berlin: 1980

*Gutschow, H.:* Englischunterricht: Sprache 5–10, München: 1981

*Häuptle-Barceló, M.:* Spielesammlung für den Englischunterricht, in: Neusprachliche Mitteilungen 4/1984, 227–233

*Hecht, K. H.:* Englisch Sekundarstufe I, Bd. 1: Grundlagen, Donauwörth: 1974

*Helfrich, H.; Herrgen, H.; Müller, T. (Hrsg.):* Fördermodell Englisch in der Hauptschule, Kultusministerium Rheinland-Pfalz, Mainz: 1983

*Hellwig, K.; Sauer, H. (Hrsg.):* Englischunterricht für alle, Paderborn: 1984

*Herber, H.J.:* Motivationspsychologie, Stuttgart: 1976

*Heuer, H.:* Englischunterricht „vom Schüler aus", in: Der fremdsprachliche Unterricht, Heft 46, 5/1978, 21–32

*Heuer, H.:* „Good morning, everybody." – „Good morning, Sir." in: Harks-Hanke, I.; Zydatiß, W. (Hrsg.), Vierzig Jahre Englischunterricht für alle – Festschrift für Harald Gutschow, Berlin: 1986, 92–104

*Hillebrand, G.:* Englischunterricht mit leistungsschwachen Schülern, Ratingen: 1974

*Hinz, K.:* Der Overheadprojektor im Englischunterricht, Düsseldorf: 1979

*Hüllen, W.:* Linguistik und Englischunterricht, Heidelberg: 1971

*Isle, N.; Reisener, H.:* Folien zum Selbermachen, in: Der Fremdsprachliche Unterricht, Heft 48, Nov./1978, 69–70

*Issing, L. J.; Hannemann, J. (Hrsg.):* Lernen mit Bildern – AV-Forschung, Bd. 25, Institut für Film und Bild, München: 1983

*Jahnke, J.:* Motivation in der Schulpraxis, Freiburg: 1977

*Jones, J. R. H.:* Using the overhead projector, London: 1982

*Jung, U. H. O.:* Über Fremdsprachenlegasthenie, in: Praxis des neusprachlichen Unterrichts, 4/1978

*Kaspar, H.:* Studien zu einem adressatenspezifischen Englischunterricht für leistungsschwache Schüler der Hauptschule, Dissertation, Universität Erlangen-Nürnberg: 1982

*Kintsch, W.:* Learning, memory and conceptual process, New York: 1970

*Kleppin, K.:* Spiele im Französischunterricht, in: Neusprachliche Mitteilungen, 4/1984, 212–218

*Kogelheide, R.:* Lernziele und Übungsformen im englischen Anfangsunterricht, Bochum: 1977

*Krashen, D.:* Principles and practice in second language acquisition, Oxford: 1982

*Krings, H. P.:* Spiele im Fremdsprachenunterricht, in: Neusprachliche Mitteilungen, 4/1984, 233–236

*Krömer, H.:* Die Toncassette im Englischunterricht, in: Inside English 1/84

*Lee, W. R.:* Some aspects of motivation in foreign-language learning, in: van Essen, A. J.; Menting, J. P. (Hrsg.), The context of foreign language learning, Assen: 1975, 67–82

Leont'ev,A.A.: Sprache-Sprechen-Sprechtätigkeit, Stuttgart: 1971

Leont'ev, A.A.: Psycholinguistik und Sprachunterricht, Stuttgart: 1974

Leont'ev, A. A.: Tätigkeit und Kommunikation, in: Leont'ev, A. A.; Leont'ev, A. N.; Judin, E. G. (Hrsg.): Grundfragen einer Theorie der Sprachlichen Tätigkeit, Berlin (DDR)/Stuttgart: 1984, 199–215

Lewandowski, T.: Sowjetische Psycholinguistik, in: Die Neueren Sprachen, 2/1976, 188f.

Littlewood, W.T.: Communicative language teaching, Cambridge: 1981

Littlewood, W. T.: Foreign and second language learning, Cambridge: 1984

Lompscher, J.: Wesen, Bedingungen und Möglichkeiten der Entwicklung geistiger Fähigkeiten, in: Deutsche Lehrerzeitung, 44/1969

Lonergan, J.: Fremdsprachenunterricht mit Video, München: 1987

Macht, K.: Problem: Unterrichtsmotivierung intrinsisch contra extrinsisch, Wien: 1973

Matthews, A.; Spratt, M.; Dangerfield, L. (Hrsg.): At the chalkface, London: 1985

Morgan, J.; Rinvolucri, M.: Geschichten im Englischunterricht, München: 1985

Mugglestone, P.: The primary curiosity motive, in: English Language Teaching Journal, No. 2/1977, 111–116

Nation, I. S. P.: Motivation, repetition, and language-teaching techniques, in: English Language Teaching Journal, No. 2/1975, 115–120

Neuenberg, B.: Drudeln Sie mal …, in: Englisch, 3/1982, 95–97

Neuner, G. (Hrsg.): Pragmatische Didaktik des Englischunterrichts, Paderborn: 1979

van Parreren, C.: Lernprozeß und Lernerfolg, Braunschweig: 1966

van Parreren, C.: Lernen in der Schule, Weinheim: 1974

Pauels, W.: Die Hausaufgabe im Englischunterricht, Paderborn: 1979

Pauels, W.: Kommunikative Fremdsprachendidaktik, Frankfurt/M.: 1983

Pieper-Ortmann, A.: Untersuchungen zum Leseverständnis im englischen Fremdsprachenunterricht, (Diss.), Recklinghausen: 1980

Piepho, H. E.: Ableitung und Begründung von Lernzielen im Englischunterricht, in: Bundesarbeitsgemeinschaft Englisch an Gesamtschulen, a.a.O., 6–22

Piepho, H. E.: Grammatik, kognitives Lernen und das Übungsgeschehen im Englischunterricht auf der Sekundarstufe I, in: Detering, K.; Högel, R. (Hrsg.), Englisch auf der Sekundarstufe I, Hannover: 1978, 78–88

Portele, G.: Lernen und Motivation, Weinheim: 1975

Raasch, A.: Anfangskurs Französisch, München: 1985

Rautenhaus, H.: Der lernschwache Englischschüler, Berlin: 1978

Rautenhaus, H.: Äußere und innere Differenzierung, in: Landesinstitut für Schule und Weiterbildung (Soest) (Hrsg.), Perspektiven für den Englischunterricht an Hauptschulen, Soest: 1985, 53–64

Reisener, H.: Zur Definition von Kommunikation als Lernziel für den Fremdsprachenunterricht, in: Die neueren Sprachen, 4/1972, 197–202

*Reisener, H.:* Englisch im Anfangsunterricht, München: 1973

*Reisener, H.:* ‚Hören' und ‚Verstehen': didaktische Konsequenzen, in: Die neueren Sprachen, 11/1975, 625–628

*Reisener, H.:* „Topic Boxes" – Ein neuer Ansatz zur Organisation von Lernprozessen im Englischunterricht, in: Anglistik & Englischunterricht, Bd. 6, Trier: 1978, 131–142

*Reisener, H.:* 15 Fragenkomplexe zur Beurteilung von Lehrbüchern für den Fremdsprachenunterricht, in: Der fremdsprachliche Unterricht, Heft 45, Febr. 1978, 68–70

*Reisener, H.:* Lernziel: Rezeptive Kompetenz im Fremdsprachenunterricht, in: Neuner, G. (Hrsg.), Pragmatische Didaktik des Englischunterrichts, Paderborn: 1979, 137–145

*Reisener, H.:* Analyse und Planung von Englischunterricht, in: Hunfeld, H.; Schröder, K. (Hrsg.), Grundkurs Didaktik Englisch, Königstein/Ts.: 1979, 151–166

*Reisener, H.:* Hörverstehensschulung im Englischunterricht der Sekundarstufe I, in: Der fremdsprachliche Unterricht, Heft 63, Aug. 1982, 214–223

*Rothermel, W.; Fenn, P.:* Englische Sprechabsichten, Stuttgart: 1978

*Rüschoff, B.:* Fremdsprachenunterricht mit computergestutzten Materialien, München: 1986

*Saftien, G. u. V.:* Don't be caught speechless, Berlin: 1979

*Sauer, H.:* Sequentialität und Erfolg im Fremdsprachenunterricht, in: Praxis des neusprachlichen Unterrichts, 3/1985, 282–291

*Schiefele, H.:* Lernmotivation und Motivlernen, München: 1974

*Schmidt, H. J.:* Hausaufgaben in der Grundschule (Diss.), Lüneburg: 1984

*Schroeder, A.:* Zur Verwirklichung des kommunikativen Ansatzes im Englischunterricht der Sekundarstufe I, Limburg: 1978

*Schwerdtfeger, I. C.; Döppers, U.; Neuhaus, U.:* Der Cartoon im Englischunterricht der Sekundarstufe I, in: Der Fremdsprachliche Unterricht, Heft 68, Nov./1983, 292–304

*Schwerdtfeger, I. C.:* Fremdsprache: mangelhaft, Paderborn: 1976

*Solmecke, G. (Hrsg.):* Motivation und Motivieren im Fremdsprachenunterricht, Paderborn: 1983

*Strohner, H.:* Spracherwerb, München: 1976

*Ur, P.:* Hörverständnisübungen. Mit englischen und französischen Beispielen, München: 1987

*Vester, F.:* Denken, Lernen, Vergessen, Stuttgart: 1975

*Walter, G.:* Englisch für Hauptschüler, Königstein/Ts.: 1979

*Walter, G.:* Überlegungen zum Aufbau schriftlicher Kommunikationsfähigkeit im Englischunterricht der Kollegstufe, in: Der fremdsprachliche Unterricht, Heft 52, Nov. 1979, 51–59

*Weinrich, H.:* Fremdsprachen in der Bundesrepublik Deutschland und Deutsch als Fremdsprache, in: Wort und Sprache, München: 1981, 70–85

*Werlich, E.:* Comics & Cartoons, Dortmund: 1984

*Wilkinson, A.:* Sprache und Spracherwerb, München: 1975

*v. Ziegesar, D. und M.:* Kommunikative Grammatikübungen für den Englischunterricht, Stuttgart: 1981

*Ziehe, Th.:* Nähe oder Intensität? in: Westermanns Pädagogische Beiträge, 5/85, 200–207

# Quellenverzeichnis

| Beispiel | Seite | Quelle |
|---|---|---|
| 7 | 36 | The Guardian 1982 |
| 9 | 37 | Learning English, Red Line, Bd. 2, Stuttgart (Klett) 1985 |
| 14 | 40 | Work and Pleasure in Britain, Berlin (CVK) |
| 29 | 50 | James Thurber, Stories and Fables, München (Hueber) 1979 |
| 30 | 54 | (Songtext): Steelye Span, All around my hat, Chrysalis, Hamburg (Phonograph GmbH) 1975 |
| 31 | 55 | (Songtext): Sing Grammar, Hamburg (Petersen-Macmillan) 1983 |
| 43 | 62 | Introducing Talking Points (Pupil's Book), Hamburg (Petersen-Macmillan) 1985 |
| 44 | 65 | Talking Points (Teacher's Book), Hamburg (Petersen-Macmillan) 1982 |
| 45 | 66 | Learning English, Modern Course, HS 4, Stuttgart (Klett) |
| 46 | 67 | Learning English, Modern Course, RS 5/6, Stuttgart, (Klett) |

# Neue Medien

Bernd Rüschoff
## Fremdsprachenunterricht mit computergestützten Materialien

Didaktische Überlegungen und Beispiele
Reihe: Forum Sprache
2., erweiterte Auflage 1988, 136 Seiten, kt. Hueber-Nr. 6986

Aktualisierte und erweiterte Fassung des bekannten Titels, bei dem es nicht primär um eine wissenschaftliche Untersuchung geht, sondern um die Darstellung, was mit Computern im Fremdsprachenunterricht möglich ist und auf der Grundlage praktischer Erfahrung sinnvoll erscheint.

Jack Lonergan
## Fremdsprachenunterricht mit Video

Ein Handbuch mit Materialien
Übersetzt von Ulrich Rösner
Reihe: Forum Sprache
144 Seiten, kt. Hueber-Nr. 6991

Eine praktische Methodik, die zahlreiche Unterrichtsvorschläge aus dem Englisch-, Französisch- und Deutschunterricht enthält.
Dieses Buch informiert über
▶ videospezifische Übungstypen und Lernaktivitäten
▶ Auswahl und Einbindung von Videosegmenten in die praktische Spracharbeit und
▶ den Umgang mit Videogeräten und -materialien.

Die vorgestellten Übungen decken verschiedene Lernstufen und -bereiche ab; für alle Schultypen und Kursformen geeignet.

Rolf Ehnert / Hans-Eberhard Piepho (Hrsg.)
## Fremdsprachen lernen mit Medien

256 Seiten, gb. Hueber-Nr. 1428

Beiträge von 21 namhaften Experten der Fachdidaktik Englisch und des Fachs Deutsch als Fremdsprache. Schwerpunktmäßig behandelt werden die Verwendung neuer Unterrichtsmedien und die Integration EDV-gestützter Lehrprogramme.
Weitere Beiträge beschäftigen sich mit den didaktisch-methodologischen Problemen des lernerorientierten Fremdsprachenunterrichts und den Aufgaben einer zeitgemäßen Grammatikvermittlung.

**Max Hueber Verlag · D-8045 Ismaning**

# Forum Sprache ▬▬▬▬▬▬▬

Earl W. Stevick
## Englisch unterrichten, aber wie?

Anfangssituationen, Lehrerverhalten, Lerntechniken
Übersetzt von R. Freudenstein
160 Seiten, kt. Hueber-Nr. 6948

Stevick verarbeitet in seinem Methodenbuch eigene Erfahrungen als Lerner und Lehrer.
Seine Kernfragen lauten:
▶ Wie beginnt man den Unterricht in einer neuen Lerngruppe?
▶ Gibt es bestimmte Methoden, die das Lernen und Behalten erleichtern?
▶ Wie übe ich mit meinen Schülern/Schülerinnen Grammatik?

In dem Buch sind vielfältige Erfahrungen zusammengetragen, die sich in der Praxis
bewährt haben. Das angebotene Methodenrepertoire erleichtert die Unterrichtsarbeit.


Ute Rampillon
## Lerntechniken im Fremdsprachenunterricht

Handbuch
140 Seiten, kt. Hueber-Nr. 6967

»Lerntechniken im Fremdsprachenunterricht« erleichtern die Wortschatzarbeit, den
Grammatikerwerb, das Sprech- und Hörtraining, das Üben der Schreib- und Lesefertig-
keiten. Für jede dieser sprachlichen Teilkompetenzen werden die entsprechenden Lerntechniken beschrieben.


John Morgan / Mario Rinvolucri
## Geschichten im Englischunterricht

Erfinden, Hören und Erzählen
Übersetzt von R.W. Wicke
128 Seiten, kt. Hueber-Nr. 6966

»Geschichten im Englischunterricht« bietet mehr als 70 skizzierte Geschichten mit
methodischen Hinweisen. Die Übungen sind nach Schwierigkeitsgrad differenziert.
Geschichten erzählen heißt z. B.
▶ Geschichten gemeinsam erfinden
▶ Märchen in andere Stilformen verwandeln
▶ Geschichten zu Bildern phantasieren
▶ aus Stichwörtern Geschichten entwerfen
▶ biographische Erlebnisse austauschen
▶ Liebesgeschichten entdecken

Ein Buch für alle, die Spaß am Unterrichten haben.

**Max Hueber Verlag · D-8045 Ismaning**